## mark

這個系列標記的是一些人、一些事件與活動。

**mark 180**
**神明在看著呢：我的巫女日記**
作者：洪承喜（홍칼리／Hong Kali）
譯者：賴姵瑜
責任編輯：張晁銘
封面設計：簡廷昇
內文排版：陳政佑
插畫：張起月
出版者：大塊文化出版股份有限公司
台北市 105022 南京東路四段 25 號 11 樓
www.locuspublishing.com
讀者服務專線：0800-006689
TEL：(02) 87123898　FAX：(02)87123897
郵撥帳號：18955675
戶名：大塊文化出版股份有限公司
法律顧問：董安丹律師、顧慕堯律師


總經銷：大和書報圖書股份有限公司
地址：新北市新莊區五工五路 2 號
TEL：(02) 89902588　FAX：(02) 22901658

初版一刷：2023 年 2 月
初版三刷：2023 年 4 月
定價：新台幣 350 元
ISBN：978-626-7206-67-6
Printed in Taiwan

# 神明在看著呢
# 我的巫女日記

신령님이 보고 계셔 홍칼리 무당 일기


**洪承喜** 著 홍칼리 Hong Kali

賴姵瑜 譯

# 前言：因爲想分享蛋糕

「是的，我是洪承喜。」

我坐在有深褐色天花板與黑色沙發的咖啡館裡，點了一杯美式咖啡。通勤時間高峰已過，咖啡館內冷冷清清，播放著輕柔的爵士樂。我坐在鬆軟的沙發，準備開始工作。iPad 電池充飽了，耳機用的是有線耳機，不必擔心沒電。咖啡盛在預先備妥的保溫杯裡。一邊聞著美式咖啡的香味，一邊打開 iPad，戴上耳機，此時，客人傳來 Kakao Talk 訊息。今天是進行三十分鐘電話諮詢的日子。

從耳機端，聽到客人的聲音。今天的客人訴說著搬家的苦惱。好不容易找到了符合設定條件的房子，卻又被另一間房子吸引。他想知道能不能勉強一下，搬去吸引自己的地方。在搬家頻繁的春季，經常接到諸如此類的來電。我問了兩處的門牌號碼、方位，以及客人的生辰八字。然後開始占卜。在新冠疫情出現之前，我也時常這樣透過電話做諮詢。

巫女，早就成了可以居家工作的職業。

說到「巫女」，腦中往往浮現一種形象。穿著五顏六色的韓服，在繽紛華麗的神堂穿梭。銳利凶狠的目光，厲聲斥喝的口氣，還有彷彿把你整個人看穿的表情。

而我，人不在神堂，而是在咖啡館裡一邊啜飲美式咖啡，一邊占卜，身上也不是穿著五顏六色的韓服，而是舒適的原色棉褲。我的圓溜眼睛，別說目露兇光，看起來根本不像所謂的「潑婦」。比起厲聲斥喝，我更習慣使用敬語，由於口氣太過親切，常聽人說我像從事服務業的人。

我曾經很煩惱，如果前來的客人期待我會擺出知曉一切的「力量」，卻見到我不明對方底細的好奇眼神，或者想請對方講故事給我聽的模樣，究竟客人會怎麼想。我也曾經面對鏡子，盯著不管怎麼做都看起來「不像巫女」的我，佇足思考要不要改變自己。但現在，我知道那樣做就不是我，也不是只有那樣做才能顯出「巫女樣」。

巫女該是什麼模樣？巫女的形象究竟由誰塑造？電視上常看到與巫女、附身、神病（신병）、驅魔相關的靈異電視劇或電影。人們對這類形象既著迷又好奇。也許正因如此，在現實生活中遇見巫女時，猶如看到「魔法般的存在」，要不視之爲「盲從迷信的人」而輕蔑以對。或崇拜，或鄙視，

這是任何存在經客體化後都可能呈現的雙重面貌。

「我成了巫女。」

成爲巫女後，如果這樣告訴先前認識的人，往往得到類似的回應：「唉，妳吃了多少苦……」「這條路很辛苦啊……」「看來發生了不少事……」同時露出憐憫的表情。我還是對那樣的表情感到不自在。雖然很多巫女在歷經悲劇事件後走向巫女之路，但成爲巫女被認爲是一件悲慘的事，實在很奇怪。

在成爲巫女之前，我曾遇見一名比丘尼。尼僧總是面帶微笑，每回在她的身旁冥想時，都很喜歡隨她一起沉靜下來的感覺。有一天，我問尼僧：「師父爲什麼成爲比丘尼？」尼僧微笑答道：「我原本是平凡的上班族，從沒想過自己會成爲宗教人士。有一天，我偶然待在寺院。冥想、打掃、做飯用餐的日常生活，讓我感到非常幸福。回歸平日生活後，我依然念念不忘。就像第一次嚐到香甜蛋糕的人一樣，想一直繼續吃那甜滋滋的蛋糕，所以成爲比丘尼。」

聽完尼僧的故事，我陷入沉思。我也能找到這樣的蛋糕嗎？

成爲巫女之後，我才明白尼僧所說的話。不同於擔心我成爲巫女的想像，我是因爲幸福而當巫女。成爲巫女之後，最棒的一點是能爲某人眞誠祈禱。我喜歡這份可以包容與淨化衆生的職業。白天溫暖地擁抱人們，夜晚安安靜靜地禱告，這樣的日常生活很幸福。

彷彿是想要繼續吃這塊甜滋滋的蛋糕，所以成爲巫女。

這塊蛋糕，我想與大家一起分享。

前言：因為想分享蛋糕 005

## 第一章 我成為巫女！

現代巫女的工作方式 014
今日天氣 020
我們的所在之處就是跳神法會！ 024
紋在身上的護身符 028
遇見娜拉 037
「不管怎樣，妳都得當巫女！」 043
初次的恍惚之境 050
接受降神儀式 057
＊我遇見的鬼 063

## 第二章 儘管如此，我依然是我

巫女不能叫巫女…… 076
母胎信仰巫女 082
巫女也談該死的戀愛 088
咖哩與我 093
讀書的巫女 099
為土地祈禱 104
純素主義的跳神法會 109
巫女也有工會嗎？ 115
巫女的師徒式教育，難道別無他法嗎？ 121
＊媒體上看到的巫女 129

## 第三章

# 請告訴我，你的故事


傾聽人們說話的巫女 138
結不了婚的八字？ 143
我必須成爲巫女嗎？ 150
吃炸醬麵，還是炒碼麵？ 155
巫女不算命時 160
鉢里公主故事 165
你的童女想要什麼？ 171
我們面對凶卦的姿態 177
我們之間不是生辰八字注定的 183
擺脫二分法的窠臼 189
給度過靈魂暗夜的你 195
告知靈魂的年齡 201
＊遇見世界的巫女 209
後記：巫女守護自己的方法 222

# 第一章

## 我成爲巫女！

# 現代巫女的工作方式

來找我的客人，大部分是以非面對面的方式占卜。很多客人問我：「不直接面對面，也可以算命嗎？」我回答：「當然！只要有近照和出生年月日就可以。不知道出生時間也沒關係。」

我是以同時性來算命。同時性，指的是某些事件帶有相似意涵，而且同時發生。根據我的狀況不同，來訪客人的狀況也不同；隨著每日天氣不一，客人的面容也不一。根據我的身體狀態或所處情況，來訪客人的徵狀也會有所差別。在我和媽媽吵架的日子，來的客人煩惱著與母親的關係；無緣無故想起舊愛的時候，來的客人苦惱著與舊愛重逢。

有一天，從早我就因生理痛而腰疼。平日，我生理痛嚴重也不會腰疼，這時心想：「今天會是怎樣的客人來訪，才會這麼疼。」客人來了。在傳訊諮詢的過程中，客人說道：「從幾天前開始腰疼得厲害，所以正在停工休息。」我告訴客人：「腰不會平白疼痛。務必接受子宮或生殖器方面的健康檢查。」客人第二天前往接受檢查，發現子宮長瘤，隨即聯繫知會我，向我道謝。

客人一聯絡，我的腰痛就消失了。縱使身居兩地也能如此共享意義的瞬間，我稱之爲同時性相通的瞬間。這就是爲何即使沒有面對面，透過網路溝通也能與該人的靈魂相遇。

我每周五都會在 YouTube 頻道「洪承喜」（홍칼리 Kali Hongi）上傳各個生肖的一周運勢。雖然參考了萬年曆和馬雅曆，但也連結到每周我感受到的日常片段。這是用神占（신점）看運勢。透過網路、YouTube 等演算法接觸到我的人，看了運勢後會留言說：「眞的很準。」

占卜的行爲，不僅僅是解占者一個人的事。客人發現了我，這個舉動就等於在占卜。在衆多可以做的事項之中，打開手機點入 YouTube，在 YouTube 的衆多頻道之中，進入我的頻道，偏偏在這個時間點看到一周運勢，此舉無異於算命。就像從多張塔羅牌中抽出一張般。沒有偶然。因爲我知道，諸如此類的偶然片段並非毫無意義，所以我將今天感受到的眞實解成運勢，分享到 YouTube 上。這樣，同時性相通的人就會來到我的頻道查看運勢。

每一天，我感受到奇蹟延續，感受到神奇的事反覆發生。看似乏味無意義的日常片段，其實是透過同時性緊密連結的能量體。巫女，感覺像是訓練出敏銳感知力與覺察這種同時性的人。

神靈，與其說祂是人模人樣坐到身旁說話的存在，更貼切的形容爲，祂是透過同時性，在每瞬間同步存在的能量作用。而我，則是敏銳覺察與傳達能量作用的人。水杯翻灑了、植物長出新芽、愛犬咖哩今天特別搖尾巴跟著我走的生活片段，對我來說都是訊息。就算是小事，看似微不足道也不放過，這是做這項工作得到的莫大喜悅。

正如佛諺「緣來不拒，緣走不留」一語，工作也是這樣。來者不拒，去者不留。反正時候到了自然相見，緣分盡了必然分離。接受採訪或上節目的提議時，也是如此。不久前，收到上《失戀博物館》（실연박물관）電視節目的提議，我就去了。雖然在節目中露臉是有負擔的，但既然先有這樣的提議，就沒必要拒絕（難道這也是命運）。

節目播出後，影片上傳 YouTube，出現許多留言。「她是爲了宣傳而來的。」「現在連巫女也要好好做宣傳。」「上節目的巫女別考慮，她是假的。」諸如此類的留言，不是懷疑我來宣傳的，就是質疑我的存在，看了之後不禁陷入沉思。

我不想躲起來，也無意站出來，只是接受來找我的緣分與提議而已。身爲巫女，在現身過程中會受到款待或質疑。但也託節目之福，得以聯繫上美好的緣分。今後，無論是電視節目或 Podcast，我都會出去講我的故事。若是這樣的我令人不快，也沒有辦法。

以偶然面容到來的命運式相遇，今日依然繼續。在今天、在此刻，這位客人預約成功，所以我們商談相見，這一切並非平白無故。每周一、四在 Instagram 連載的網路漫畫《巫女日記》，正是分享諸如此類的日常。還好有網路可以分享日常的、單純的喜悅，今日縱使不與客人會面，也能深入地交流溝通。往後，我想繼續透過 YouTube 一周運勢、網路漫畫和現在寫著的文章分享這種喜悅。

# 今日天氣

「謝謝祢今天也給我這麼好的天氣。阿們。」

作爲母胎信仰，我從小就經常用這句話結束祈禱。新鮮看著每日變化萬千的天氣，覺得又感激又幸福。下雨天、打雷天、多雲天、烈日天、迷霧天……彷彿都帶著每日獨有的徵兆，傳遞訊息。

早上起床，我用命理學萬年曆和馬雅曆來看今日天氣，而不是參考天氣預報。今天是火旺的日子，今天是金旺的日子，今天是木旺的日子，今天是馬雅曆中通道打開，所以同時性變強的日子……每天的氣場都不一樣。如同天氣有陰雨晴一樣，我們的身心也存在類似的天氣。

「好奇怪，今天心情異常低落，究竟是什麼日子？」同住家人曉姊問我。我答道：「今天是水旺的日子。姊是蠟燭，所以今天可能會有點無力。」「哇，這樣啊。家人是巫女，眞棒。」姊笑著說。有時候，家人塵問道：「我今天是怎樣的一天？」「嗯……塵的金多，今天是土旺的日子，所以可能會想得多。最好做一些能夠減少思考的運動！」有時候，水旺的宇宙問我：「我呢？」「嗯，宇宙水多，今天是火旺的日子，應該會有成果。今天是能夠完工的日子，請好好專心工作。」家人們聽完我的話，往往會盤點一日事項，排定計畫。

我的八字五行屬木。木多的我在水旺的日子狀態很好。反之，在金旺的日子裡，如果狀態管理不佳，身體很容易變得沉重而感到疲勞。由於水生木，水能促進木的生長，而金克木，金像斧頭一樣會砍木。所以在金旺的日子裡，我會管理好日程，盡量在家休息，不接訪客。我用這種方式，觀察每日身心的天氣，計畫好每一天。

不久前，我遇到朋友紅燭。「今天一直覺得又累又悶。爲什麼會這樣？」紅燭是屬火的朋友，總散發著明朗的能量。比起過去或未來，滿滿能量的火多者更專注於現在，所以往往會爲見面的人帶來活力。

聽到這樣一位朋友說自己又累又悶，我攤開萬年曆，查看今日五行。那是水非常旺的一天。「今天是水旺火滅的日子，所以可能會沒力氣。請好好管理今天的狀態。」「啊，原來如此！怪不得，才會異常無力。」紅燭笑著說，「原來今天是這樣的日子啊。」

當我說完今日天氣，許多客人和朋友都說同樣的話：「原來今天是這樣的日子啊。」不是自己異常，也不是有什麼大問題，只是因爲今天是這樣的日子，聽見此話，人們才重展笑顏。看著這樣的笑容，我想著。今天是水旺的日子，我的狀態很好，所以是能夠與大家分享好氣色的日子。

我也查看了今日天氣。撰寫本文的今天是木旺火旺的日子。對於屬木的我來說，火兆意味著表達的徵兆。意即這是寫作的好日子。所以我會坐在筆電前面寫作。我像收到禮物一樣懷抱每日賦予的天氣，編織出今日的意義。

謝謝祢今天也給我這麼好的天氣（阿們）。

# 我們的所在之處就是跳神法會！

不久前，一群女作家來家裡玩。以不婚主題書寫散文的菊、燕、曉姊和我，四名女性圍坐聊天。聽到在沒能見面的這一年裡，我接受了降神儀式，菊和燕睜大眼睛問道：

**菊**　接受降神儀式之後，有什麼不一樣嗎？我很好奇！

**承喜**　嗯，沒什麼特殊變化。依然像往常一樣寫作、畫畫。要說不同之處的話，就是多了「巫女」的稱號？還有，找我諮詢的人更安心些。就像持有證照或學位證書一樣……（笑）在韓國的超自然界，巫女如同最神祕的存在。所以是真的走投無路，人們才會找巫女。

**菊**　原來如此。我每次去算命的時候，他們總說我有神氣（신기），是當巫女的命。

**承喜**　沒錯，菊不是說過從小就看得到鬼。妳也常常受到周圍空間氣場的影響。不過，巫女不單只有見鬼神、與靈溝通、算命的工作。從解恨化喜這一點來看，我認為菊扮演了現代版巫女的角色。其實，我覺得這裡每個人都在做巫女的工作……燕不是在收集不婚女性的故事，上 Podcast 開講嗎？妳做的是藉由故事來介紹和化解女人的各種憾恨。菊也一樣，搖筆桿寫的是消解怨憤的文章。我認為我們是現代版的巫女。很多女作家都是這樣。傳達受到冷落疏離的故事，分享憾恨喜悅。

聽完我的話，燕笑著答道：「對。我在做 Podcast 時感受到，女性的憾恨特別多……很多女性傳來自己的故事。我們好像在創造一個場域，消解內在腐爛不堪的故事。」

提到「恨」，不知是否會聯想到遭冤枉殺害、女鬼漂泊在九泉之下哭吟的故事。不過，即使沒有人願意聽，也要傳出去的故事就是恨。巫女聆聽這些認爲無關緊要、無足輕重之人的故事，爲這些人消解怨恨，祈禱淨化。藉跳神法會將怨恨化爲喜悅，以護身符或神物祈福。因此，燕傾聽人們的故事，再分享給大家，一起創造歡笑的場合，就算是在做巫女的工作了。

據說藝術家、藝人、巫女的八字是一樣的。把人們的故事唱入歌詞、公開表演的音樂人，化身他人飆演技的演員，也同樣扮演了與巫女類似的角色。他們都是擁抱消失的故事，幫忙解恨化喜的人。

聽完燕的話，反應快的菊說道：「我們的所在之處就是跳神法會啊！」圍坐一起的我們，像降神者般咯咯大笑。

# 紋在身上的護身符

我也不是一開始就想當巫女。原本我從事藝術工作，我想從事能夠更直接談論死亡的職業、能夠探索死亡與死後世界的職業、能夠爲所有人祈禱與行動的職業，我想穿著恰如其分的服裝修行。所以，我想成爲宗教人士。

但，女人身可以選擇的宗教職業並不多。要成爲牧師，必須是神學院畢業，女牧師遭歧視的情形也時有所聞。雖然也曾想過進入修女院，但似乎得隨時隨地保持純潔形象，於是也放棄當修女了。想成爲巫女，但降神儀式的費用不貲，在韓國，成爲印度教或伊斯蘭教聖職人員的路又太窄。

後來，我開始思考不妨修習佛教。在修行生活中，常常看到僧人以文字與繪畫，或自己想表達的方式與人溝通，我認爲這樣可以盡情學習。如果修行必須與世隔絕數年，我覺得自己也做得到。正好當時剃了頭，遂決心就此進入寺院，開始修行生活。

「您好，我想出家，所以致電給您。」我清了清嗓子，打電話到修行所。決定成爲僧尼時，唯一掛念的是身上到處紋有刺青。雖然在泰國，有時僧人會直接幫人刺青，當作護身符；但在韓國，我不曾見過身上有刺青的僧人。而且，人們多半對於刺青的觀感不佳。雖然擔心修行所會不會接受我滿身刺青，但還是先打了電話。

「是，歡迎您。請先來洽談，就可以開始修行生活。」

僧人詳細介紹生活方式與成爲僧侶的程序。師父的聲音很親切，所以可以安心聆聽說明。他說，結束兩年多的修行生活之後，可以自己選擇要去哪裡。我說我想進入寺院，一起過著共同體生活修行。聽完所有說明，道謝之後，我再問道：

承喜　我有刺青，那樣沒關係嗎？

僧人　刺青？嗯……（頓了一晌）在看得到的地方嗎？

承喜　手上有，胳臂上也有。身上到處都有。

僧人　在看得到的地方啊。那會妨礙到與群眾的會面。

承喜　與群眾的會面？

僧人　應該說，有刺青的話，看起來很世俗？同儕的觀感似乎也不好。

承喜　那該怎麼辦？

僧人　刺青應該可以消除嗎？

承喜　非得將刺青消除嗎？

僧人　對，似乎得這麼做。

我痛下決心打了電話，結果還是徒勞。當時罹患躁鬱症的我，內心長期飽受煎熬。因爲不想就這樣死去，爲了活下去而想學習、想修行，所以才打了電話。不是由於刺青而當不成僧尼感到空虛，而是居然連修行之地也無法接受刺青。在道出萬物相生的宗教中，刺青的身體竟然會因爲看起來世俗而遭到排擠。

放下電話，蹲在房間裡沉默了一會兒。刺青是紋在我身上的護身符，是與我的約定，也是珍貴的回憶。我覺得非得清除它們並不合理。這是制度宗教的限制嗎？就這樣，我放棄了成爲僧尼。

不久後，有了出現去看跳神巫戲的機會。聽到閨密要成爲巫女而將接受降神儀式的消息後，我飛奔趕去。村民連我，不到十人聚在神堂。舊式韓屋般的小神堂裡頭，備有豐盛祭食，散發香火與煎餅的氣味，牆壁掛著五顏六色韓服，巫女和僧人各自敲著鑼鼓高歌。

那時，我看到了和我同齡的年輕巫女蘇。蘇的耳後方紋有音符般的刺青。音符紋樣配合蘇演奏的鑼聲，彷彿隨之起舞。長鼓聲與鑼聲，貫穿全場，我的腦子裡也嗡嗡響。

法會開始，接受降神儀式的朋友，在神像前方行禮。磕頭半晌之後起身，原地上下跳了起來。節奏達到高潮時，持扇跑跳的朋友突然停止動作，扔掉扇子說道：「我做錯了什麼！我怎麼了！」朋友眉上的穿環閃閃發亮。接著她痛哭流涕，我也跟著流下眼淚。持續超過半日的法會，直到他們汗流浹背之後才結束。

朋友蹦蹦跳跳，細數諸神的名號，她穿著神服，又哭又笑。就這樣，降神法會一一請來眾神，打打鬧鬧，再幫前來觀禮的人算命，最後結束。這是確認神靈附體的時間。法會接近尾聲時，朋友為持五方旗來看法會的人占卜。

五方旗是五色的旗幟，巫師用以占卜的一種工具。白色屬金，代表西方、死亡、轉變；紅色屬火，代表南方、能量發散、接神（접신）。藍色屬木，代表東方、驅魔、新的開始；黑色屬水，代表北方、收斂狀態；黃色屬土，代表中央方位、維持（不過，按照算命者與情況之不同，有時也有不同的解釋）。

人們一一拔出五方旗時，朋友口中會吐出所聽見的神靈話語，亦即所謂的神託（공수）。輪到我了。我將抓到的旗幟用力拔出，紅色旗映在眼簾。蘇在身旁對我說：「神靈要我們一起玩耍，一起跳舞、敲長鼓！」聽了這句話，我笑了。最後，僧人誦唸眞言，結束法會（在韓國巫俗信仰的跳神法會上，僧人以這種方式參與的情形很常見）。

跳神儀式結束後，我走向蘇問道：「有刺青也能成爲巫女嗎？」「當然囉，我也是這樣啊！」聽到蘇的俏皮回答，我終於放心。無論身上有沒有刺青，能夠這樣自由、盡興玩耍，感覺這就是可以長久住下去的歸宿、猶如回到接納自己的家。

選擇成爲巫女，刺青的影響很大。若不是刺青，我應該會成爲僧尼。當然，並非所有巫女都有刺青，也有依然負面看待刺青的巫女。神師父最初也對滿身刺青的我發出微詞：「唉，承喜啊。妳什麼都好，但因爲手上的刺青，神靈很難過。」我接受她的降神儀式，所以是所謂的「神女兒」。主辦降神儀式的巫女，稱爲「神母親」或「神師父」，接受降神儀式後成爲新巫女的人，稱爲「神女兒」（偶爾我也會喚她「母親」，不知爲何感覺不順口，所以平時都叫她神師父）。「是嗎？我的神靈說沒關係耶！」我的回答讓神師父嘖嘖咂舌，之後就不再碎念了。

有一回，與神師父認識的道士見面。

「妳在手腕上畫畫啊。」

看著我手與胳臂上的刺青，髮鬚皤白的道士如此說道。我怕又聽到消除刺青的要求，戰戰兢兢等著下一句話。

「把留一輩子的畫紋在手上，可見深得神義。」

他的回答令人意外。我興奮地說：「是的，這畫是我的護身符。」道士哈哈大笑，送了我一只寫上天符經（八十一字的大宗教經典）的扇子。意思是，要像現在一樣繼續抱持著神義祈禱。我向道士道謝告別後回家。

我身上有很多刺青。肩胛上、雙臂、手肘、手腕、手、手指、頸下、頸後、耳後、臉、腿、膝蓋上都有刺青。每道刺青的故事都不一樣。右臂上刺的維京風方位圖是我的靈魂地圖。左手腕上的牛頭骨刺青仿刻夢中見到的海螺圖案。左膝內側用針紋上十字架圖樣的刺青。左肩上紋有如盔甲般的曼陀羅，右眼下方有針紋的三點刺青。三點意味著三神奶奶（삼신할머니）[1]，以及象徵創造和生命的數字三。我把想記住的東西，像在書桌上做筆記一樣，全都以圖畫紋在身上。

我的身體是我的神堂。我的神堂裡有許多幅畫。這裡紋著永不消退、

1 譯注：在韓國民間信仰中是掌管生育的神仙。

永不抹除的象徵。就像爲客人製作蘊含獨特能量的護身符一樣，我也做護身符掛在神室。我佈滿畫的身體，本身就是護身符。客人有時還委託我設計護身符刺青。我會爲客人設計圖案，融入所需擁有的能量，畫成一輩子珍藏的刺青護身符。

被歧視、被排擠的身體紛紛來找我。巫女非成神之人、非如君臨天下之人，而是站在神與神以外的一切之間，連被烙印的身體也會擁入懷中的存在。與形形色色的身體見面，今天心情也十分激動。是啊，我就是這樣才當巫女的。

## 遇見娜拉

在敲下修行所之門前，曾經已有引領我往他處的存在。飽受躁鬱症之苦的我，經常在夢中體驗死亡。醒著的時候，我也是半夢半醒，經常望著天空發楞。在半生半死之際，某件事的契機讓我見到了娜拉。

五年前，我接受墮胎手術。戀人說要準備研究所入學考試，然後就消失無蹤。簡單明瞭的背叛。在與他同居的房間裡，我下體出血。頭痛如海浪般反覆來去。無法言喻的痛苦化爲毒藥。我決定寫下來。在書寫這一切的過程中，痛苦變成言語。

我寫下自己在墮胎手術、性、懷孕、避孕、生育下被孤立的身體。之前說不出口的話，如連珠砲般吐出。墮胎手術與女性自慰等女性的性（sexuality）相關經驗，我也寫下來公開分享。我用眞名寫下女性自身的性經歷，遭誤會、被烙印是可以想見的。不管誰說什麼都無所謂。沒錯，我就是髒，又怎樣？

我想吶喊。

當時，首度在夢中遇見娜拉。在藍色系的洞穴音樂會場，我走到後台時，看到一個熟悉的人。她是娜拉，長長的白上衣從頭頂罩下來。我知道她的名字是娜拉，我也知道以前一起出門時，她曾被丈夫抓回去的情況。

娜拉也在看著我。她的身旁站著一個高大的男人。像是她的丈夫。我走近娜拉。

「妳好嗎？」

娜拉沒有回答。雖然想幫助娜拉，但沒有辦法幫助沉默不語的娜拉。走出洞穴，看見一隻單腳綁上鐵鏈的小白狗。小狗在腳踝被綁住的情況下，在池塘裡游泳。人們說小狗太可愛了，同時露出滿載愛意的表情。我被那表情嚇醒。

夢與現實的界限，感覺很模糊。夢中見到的娜拉，彷彿是另一個我。分享了墮胎手術的見證文之後，我又數度遇見娜拉。夢裡，我在無窗的藍色房間內。一名穿貼身制服的女人和一名穿西裝的男子站著。旁邊有著人面的小白狗。臉是人，身體是小狗，她的名字叫「花子」，但我知道她是娜拉。

女人和男人暫時離開房間時，我用小狗話問娜拉，請她告訴我離開這裡的路。娜拉點了點頭，打開小門，走向有著紅色螺旋形階梯的深處。從上面望，那是紅線團般的長階梯。白毛娜拉在前方，四腳走下樓梯。對於娜拉來說，似乎是一條熟悉的通道。我隨娜拉走下階梯，走啊走啊，一直看不到盡頭。

娜拉眞的是在帶我出去嗎？她眞的是娜拉嗎？還在下階梯，突然眼睛睜開。

夢消散之前，我寫下娜拉，用網路搜尋娜拉的名字。娜拉是出現在亨里克．易卜生（Henrik Ibsen）劇作《玩偶之家》（*Et dukkehjem*）的女主角。她是愛跳舞、愛冒險的人，在作爲母親或妻子的女人身分之前，她是想以娜拉身分生活的人。

娜拉告訴我出口在下方。那裡是死者和生者的交集之處。我想相信娜拉，引我走向那看似骯髒危險之處的娜拉。我決定跟隨娜拉，走到螺旋形階梯的下端。娜拉會告訴我出口。

墮胎手術與戀人的背叛、社會疏離感與孤立感、肉體的痛苦……情緒瀕臨崩潰的我，開始學八字命理、周易和占星學。因為我覺得，用現有語言無法說明這樣一次鋪天蓋地襲來的痛苦。去算命時，以對女性和性少數者的偏見來解釋占卦的情形很常見，所以我選擇親自學習。在學習命理學的過程中，自然而然也對巫俗信仰產生興趣。

而且，我後來知道逼近自己而來的痛苦就是神病。神病，指的是巫俗信仰中將會成為降神巫女者所患之病。夜晚失眠、對一切感到憤怒或無力、社會疏離、經濟困頓、親密關係的背叛，乃至健康惡化。毫無預警的艱苦逼我走上絕路。

我決定去印度。夢中的娜拉似乎告訴我出口在印度。印度自古以來被稱為「西天西域國」而吸引著我。韓國巫俗信仰祖先鉢里公主（바리데기）[2]

2 編注：鉢里公主是韓國傳統神話故事，在本書第三章中有詳細介紹。

的故事中也出現西天西域國。鉢里去陰間尋找救命之藥，被形容爲陰間的那個地方，就是西天西域國，現在的印度。娜拉展示了死者和生者的交集之處，所以存在活人世界的陰間，不就是印度嗎？

## 「不管怎樣，妳都得當巫女！」

在前往印度之前，認識的人向我介紹一位巫女。聽說她不抱偏見爲人占卜，所以我安心前往。巫女的神堂位於我居住的高陽市附近。由於正好在近處，就和姊姊同行了。下計程車後，我們尋找巫女的家，在高樓大廈之間蹣跚走著。建築物太巨大，不知道哪裡是入口，徘徊找了半天。好不容易找到入口，走進巫女的家，我感受到強烈的氣場。富人的氣場。

走進玄關，可以看到金色神像、大理石桌和皮革沙發。客廳的一側是全面落地玻璃，外頭的湖水盡收眼底。我心想，這個巫女好有錢啊。巫女也有階級之別。有的巫女在殘破不堪的家中點支蠟燭占卜，有的巫女像大型教會的牧師一樣，在「金碧輝煌」的神堂算命。

當時，我剃頭沒多久，頭髮還沒完全長出來，而且好幾天沒辦法洗頭（沒有洗頭），所以戴了帽子就去。由於躁鬱症的緣故，雖然在精神科拿藥吃，但還是很難早上起床洗頭。看到一眼就知道好幾天沒梳洗又一臉病懨懨的我，不知道巫女會說什麼，心裡很緊張。

姊姊和我坐在客廳沙發，排隊等候。在等待的過程中，貌似巫女丈夫的人走來，遞給我們咖啡。我們一邊喝著，一邊環顧展場般寬敞的室內。先來的客人走了，現在輪到我們。在五間房間中，我們進入客廳左側的房間。一進房，就能從和客廳一樣的落地玻璃看到湖光，前面有大書桌和書櫃。巫女請我坐在椅子上，直勾勾盯著我看。

「請摘下帽子。算命時要脫帽。」

羞於沒有洗頭，我扭捏地脫下帽子。大概是我長得像草皮般的尖刺短髮嚇到巫女，她朝我望一眼，嘴裡咬了一支紅萬寶路菸。就這樣，諮詢開始。巫女向我說道：

巫女　最近很辛苦吧？

承喜　對。

巫女　妳得了神病。

承喜　的確有躁鬱症。

巫女　不管怎樣，妳都得當巫女，否則，本人和其他家人都會很辛苦。本人要懷著澈底終結這種困境的心情，接受降神儀式。

巫女一邊吐煙，一邊以斬釘截鐵的表情說道。雖然感覺到自己患神病，但才一開始諮詢就說非得接受降神儀式不可，我有點慌了。一方面，巫女似乎理解我的痛苦，我由衷感謝；但她還沒有聆聽我或姊姊訴苦，就斷言一切都會解決的態度，令人懷疑。接受降神儀式就能解決一切？我疲憊不堪，像快死了的心情也會消失嗎？這有可能嗎？

「本人會好好進行。請當巫女吧。我覺得接受降神儀式比較妥當，有什麼想法再和我說。我會好好幫妳。」

巫女說，成爲自己的神弟子，就可以像自己一樣住好房子。除了這間房子，她樓下還有一間，她問我想不想過這樣的生活？我在想是不是巫女讀出我無家可歸的流浪生活。她不斷勸說我接受降神儀式，聽了連續兩小時之後，諮詢結束。

歸途上，我的思緒複雜。非得接受降神儀式不可嗎？是不是太過跳躍？這個人是騙子嗎？雖然出現百般懷疑，但當時我的心情是連根稻草都想抓住。討厭早晨睜開眼睛，只想結束毫無希望、毫無眷戀的生活。對於徒有陰影的我來說，巫女的話語，猶如投射而來的一道光芒。如果連這根稻草都沒有，似乎身體就會走向死亡。

再說，我從以前就開始學習周易，對塔羅與各種巫俗信仰都感興趣，所以並不排斥。另一方面，我也覺得朝這方面選擇職業很不錯。凡事沒有經歷過，永遠不會知道。只要接受降神儀式，一切都會解決，這句話一直縈繞腦海。苦思兩天，我打電話給巫女。

承喜　師父，我考慮過了，感覺接受降神儀式比較好。

巫女　好。兩個月往返接受教育，然後訂下日子舉行降神儀式。我辦的降神儀式費用為二千五百萬韓元（約新台幣六十萬元），很便宜吧？

啊？別說二千五百萬韓元，我現在連二十五萬韓元都捨不得。猶豫了一會兒，我問道：

承喜　我沒有那麼多錢，手頭上有困難，難道沒有其他辦法嗎？

巫女　通常這時候可以從周圍找到錢。那樣的話，接受降神儀式之後再慢慢還。

承喜　但是，我周圍的人經濟上也有困難⋯⋯

巫女　那多考慮一下再聯絡我吧。

巫女原本說，沒有接受降神儀式會出大事，擺出會盡全力幫忙的積極姿態，但一聽到沒有錢，她就放下挽起的手臂。那樣的溫差令人心寒。巫女說話的態度，認爲在人生的重要問題面前，金錢不是問題，但對我來說，金錢是問題。身爲自由工作者，我沒有借貸資格，也沒辦法向人借錢。我確認過存摺餘額。帳戶裡只有二十萬加數千韓元。

原本由於刺青而無法成爲僧尼，現在的情況是沒錢而當不了巫女。對於因爲錢而當不了巫女的現實，內心百感交雜。不，這似乎意味著，沒錢的話，我日後只會繼續辛苦下去，身體感覺愈來愈冰冷。

# 初次的恍惚之境

沒辦法接受降神儀式的我，往後數年間在印度與韓國輪流生活。兩年前，我曾經待在西藏流亡政府所在的印度山村達蘭薩拉（Dharamsala）。半夢半醒，幾乎整天在睡覺，某天，醒來時看見一行字：「動動身體吧」。

我起身出門散步。走著走著，看到一張「舞踏學園」的宣傳海報。舞踏（Butoh）是始於日本的舞蹈，又稱爲靈魂之舞。這是藝術家們在戰後化爲廢墟的土地上起舞的身姿。彷彿在探問什麼是美的肢體動作與表情、沒有既定形式的舞蹈，我十分心動，想著一定要去舞踏學園看看。就這樣，我開始了在舞踏學園跳舞的生活。我很喜歡舞踏，就像風吹入破了洞的身體，身體會像船桅的帆布一樣飄起來。我就這樣跳著舞，度過每一天。

舞踏學園每周舉行一次公開表演。平日，學生們聚在學園裡跳舞。有一天，我在學園彩排。綠色與紅色燈光照射的大廳裡，演奏著動物聲、風聲、鐵聲、水聲。我彎曲膝蓋，匍匐到舞臺上開始跳舞。一如往常，我讓身體放鬆，順著肢體動作起舞。然而，隨音樂達到高潮，發生了奇怪的事。身體突然任意彎折搖晃。跳舞的空間裡，除了我之外，看不到其他人，演奏聲就像在空蕩蕩之處流淌的獨白。

我張著嘴，眼淚直流。我感受到深深的哀傷。跳著跳著，我側躺在地上哭泣。這時候，我被推到空間後方，已記不得自己是誰。彷彿再走一步，我就會消亡湮滅。腳不著地的感覺，令人暈眩。這是迷離（trance）狀態，意指像催眠一樣，一半在陰間，一半在陽間的精神異常狀態。

我做出異常舉動後，一起跳舞的同伴立刻攏過來。韓國來的同伴葡萄問我還好嗎，並且扶我起來。我暈頭轉向，什麼話也說不出來。葡萄與我，彼此經常討論薩滿教，察覺到我的狀態，葡萄請人拿鈴鐺來。很快有人拿來鈴鐺，葡萄在我耳邊搖鈴鐺。「噹啷噹啷」響起清脆的鈴鐺聲。一聽見鈴鐺聲，我的周圍有如霧散去變得清朗，感覺能夠找到返回的路。葡萄將鈴鐺遞到我的手中，我用僅存的力氣握住鈴鐺，「噹啷噹啷」搖著。響亮的鈴鐺聲，將我瀕臨消亡的精神引回此處。我搖著鈴鐺，從原地站起來，開始蹦蹦跳跳。

蹦蹦跳跳一陣子後，我佇足站立，口中吐出老爺爺的聲音：「喂，你們這些傢伙！」我自己也嚇一跳。「不是要你們好好相處！到底要吵到什麼時候！」放聲疾呼裡夾雜憾恨與憤懣，接著又回到原位上下蹦蹦跳。那位爺爺是大將軍桓雄。後來老奶奶出來了。老奶奶也用同樣的話大聲訓斥：「不是說過要好好相處。你們這些傢伙，別再吵了！」分貝與我平時說話的音量不一樣。教室震耳欲聾。

即使大喊大叫，憤懣依然不止。「啊！」我高聲吶喊，原本在其他樓層的學生也鬧哄哄地聚到我的周圍。靦腆的我大聲吆喝，再次蹦蹦跳跳。突然，我停下來，環顧周圍的人。除了葡萄以外，人們不明白是什麼情況，全都一臉茫然地看著我。有人看到我的眼睛，驚嚇地撇過頭去（可能認爲我瘋了或遭惡靈蠱惑）。也有人用溫暖的眼神望著。

葡萄一邊祈禱，一邊守在我的身旁。突然咿咿呀呀的童女出現。我向避開我視線的人說道：「我沒有瘋。別誤會。不要走。」懂韓語的葡萄向其他人說明，這是韓國薩滿接神時說的話語，現在承喜好像在做薩滿儀式。我一屁股跌坐在地上。很難就這樣回家，同伴們爲我鋪了地墊。我緊緊握住去到哪裡都一直提著的手杖向爺爺祈禱：「請幫幫我。請抓住我。」

葡萄說要聯絡自己認識的巫女，她人在韓國，於是用 Kakao Talk 與她視訊通話。從手機畫面，我看到巫女的臉，巫女身後還有一隻颯氣十足的老虎。當時巫女的臉扮成長著鬼怪般的兇神。巫女臉上呈現的鬼怪，正是巫女侍奉的神靈蚩尤天王。

她就是成爲我的神師父的巫女。「哎喲，帶了那麼多去，還去了那麼遠。」巫女看著我的臉說道，撲簌簌流下眼淚。正要說話的瞬間，視訊通話喀嚓斷線。我一把抓住葡萄，問道：

承喜　這位是誰？

葡萄　我認識的巫女，她在韓國舞蹈節上跳大神，所以認識的。她人真的是很好。我告訴妳聯絡方式，以後再聯繫吧。

承喜　我為什麼會這樣？

葡萄　就是啊。在印度跳日本舞，突然做起韓國薩滿儀式的

情形，我還是頭一次見到。（笑）

我也啞然失笑。人們紛紛回家。三名一起跳舞的同伴留下來陪我。我們圍坐一圈，削芒果和木瓜吃，然後蓋毯子臥著。漆黑的學園天花板上，我看到格紋、漩渦、蓮花、鳥形等幾何圖樣。爲了不要失神昏去，我唸咒、祈禱，同時整晚將手杖拿在手裡。美國來的同伴雷普利，凌晨一直在身旁握著我的手。憑靠朋友的手和手杖，我才得以平安度過漫漫暗夜。烏鴉嘎嘎叫著。

不知不覺間，藍色日光從學園的窗戶透進來，我能夠起身了。現在是早晨。我去洗手間拉了一大坨屎。撲向燈光的飛蛾，掉落在洗手間的地板四周。昨天發生了什麼事？雖然什麼也沒整理，還是得先回宿舍。那一天，陽光和煦。我拄著手杖，穿越學園野地，翻過山嶺，走向宿舍。然後，彷彿被什麼吸引似的，走進服飾店，買了一件類似改良式韓服的白色衣裳來穿。回到家，我不抹肥皂只用溫水洗澡。擦乾身上的水氣，穿上新買的白色衣裳，前往參加預定的表演。跳舞時，與前一天不同，手臂與手都柔軟彎曲。微風撫遍全身。尖叫般的肢體消失，出現的是圓順撫觸天地的身體動作。懷著愉悅心情，我向大家做了祝福的手勢與手印，結束表演。我以祈禱的心情跳舞，內心變得輕鬆愉快。如果說前一天跳舞時是處於變換靈魂意識的迷離狀態，此刻跳舞所經歷的，則是與萬物合一的恍惚之境（ecstasy）。

# 接受降神儀式

那天之後，似乎還繼續做夢。走在路上，我會看見某人屁股上的尾巴、某人肩膀上的煙圈。每次入睡與醒來時，都會看到一群黑髮人。感覺十分錯亂。但恐懼之餘，我同樣也充滿好奇。飛快掠過、邁前走來的這些存在，究竟爲何。我想細細窺看。我想我得見見葡萄介紹的巫女，於是打視訊電話給她。

「師父，您好，上次眞的很感謝您……」

正要說話的時候，巫女看到我，放聲哭了起來。我也跟著流下眼淚。我們一起痛哭。

承喜　太辛苦了。因為太辛苦，所以來到這裡。

巫女　怎麼跑那麼遠。什麼時候回來韓國？

承喜　現在要回去了。

巫女　好，快來。得一起去雞龍山。

承喜　是。到韓國再聯絡您。謝謝師父。

回到韓國，我去找師父。神師父非但沒有向我討降神儀式需要的錢，反而溫暖擁抱了一無所有又不知何時會回去印度的我。看到師父的臉，我又流下眼淚，師父也跟著流淚。當時，我心想，原來巫女是對他人的痛苦有敏銳感受的人。一邊吃著師父做好的熱騰騰餐飯，同時我們相視對望很長一段時間。

後來神師父說，十年前女兒病重時，她得知丈夫外遇，大受衝擊而暈倒在地。當時，她不自覺地喊著神的名號醒來，從此成爲主要侍奉該神的巫女，她說著說著笑了。這讓我想起在墮胎手術後，戀人單方面銷聲匿跡，而我獨自下體出血、尖叫、哭泣的時刻。那時候我也覺得，神靈與我在一起。也就是說，這是許多女人的模樣。

神師父遞給我白色布襪和淺紫色韓服裙。我穿上韓服，進入紫色神堂，奉上玉水[3]，向神靈行禮。

第二天，我依約與神師父一起上雞龍山。這是爲了進行降神儀式。首先，去龍王神所在的瀑布祈禱。看著夜空中的星星，我也向七星神致意。天空中湯勺形的北斗七星，看起來很親切。抵達祈禱場有來自淸州的巫女和來自蔚山的道士。一抵祈禱場，神師父要我指出吸引我的地方。我指向離山最近的彌勒山神閣。

3 譯注：玉水（옥수）是供奉神靈的淸水，屬必備祭品之一。

進入彌勒山神閣，開始跳大神。那是滿月升起的夜晚。奉上洗淨的水果，點上蠟燭。巫女與道士敲鑼打鼓。神師父反覆裹上又解開我身上的白布。這是消除祖先神靈憾恨的過程。咚咚鼓聲震天價響，就是在印度跳舞時的感覺。我的身體任意亂動，蹦蹦跳跳又翻來翻去。跳神跳倦了，我向外爬出去，看見黑色的金龜子。

再次回到室內，敲了鼓後，我又轉圈，蹦蹦跳跳起來。神師父在旁邊問誰來了，我一一說出神靈的名號：三神奶奶（삼신할머니）[4]、桓因（환인님）、桓雄（환웅님）、檀君（단군님）[5]、七星神（칠성신）[6]、彌勒山神（미륵 산신）[7]、龍王大神（용왕 대신）[8]、大神奶奶（대신 할머니）[9]、祖上神（조상신）[10]、童子與童女（동자와 동녀）[11]、仙女來了。其中還有耶穌，基督教是母胎信仰的我，覺得耶穌出現在跳神法會太有趣了，不禁噗哧笑了出來。神師父說地神的聲音是鑼，天神的聲音是鼓，依次敲鑼打鼓。敲鑼時，我蹦蹦跳，打鼓時，我也蹦蹦跳。

跳了一陣子，停下佇立時，眼淚嘩啦嘩啦流出來。我癱坐在位子上，號啕大哭，又拭去眼淚。這是安心的眼淚。原來我活到這一步了啊。不知過了多久。我伸伸腰，睜大眼睛。身上的每個毛細孔都有熱氣與寒氣輪番襲來。

此刻，傳來《修德寺的女僧》[12]。「我忘不了原本棄絕於紅塵的心上

4 譯注：三神奶奶掌管姻緣和分娩。

5 譯注：韓民族神話中，檀君是古朝鮮的開國君主，他的父親桓雄是天帝桓因的庶子。桓因、桓雄、檀君三者皆成爲韓國民間信仰的神祇。

6 譯注：七星神掌管延年益壽、心想事成、子女成長、安和太平和孩子壽命。

7 譯注：彌勒山神結合了韓國的彌勒淨土信仰和山神信仰。

8 譯注：龍王大神掌管家庭平安、家人無病長壽、莊稼和捕撈豐收、航海安全。

9 譯注：大神奶奶是巫女死後化身之神祇。

10 譯注：祖上神指已逝祖先的神靈。

11 譯注：童子與童女是年紀小的鬼魂。

12 譯注：《修德寺的女僧》（수덕사의 여승）是一九六五年由宋瑃禧演唱的一首流行金曲，歌詞是以日據朝鮮時期曾引領新女性運動、自由戀愛論，後來皈依佛門出家的女詩人金一葉（김일엽）爲原型。巧合的是，金一葉曾在一九二二年發表社論《娜拉》，視易卜生《玩偶之家》中的主人公娜拉爲獨立於家庭和男人、不受規則和慣例約束的個體，主張在朝鮮社會出現的娜拉新女性是「讓人從沉睡中醒來、明確認識自我意識的晨光」。

人……」曲調一出，眼淚再度撲簌簌流下。我身體顫抖。一名眼淚不止的女子，進來繼續哭泣。哭了一會兒，她挺直腰板，開始沉穩調息。

這時候，神師父走過來向我說：

「現在起，重新開始。妳是天神的弟子。要引以爲豪，好好生活。」

神師父輕輕拍我的背，我向她微笑。就這樣，跳神儀式結束。

整理好神堂後，我不抹肥皂只用溫水洗澡。爲了一邊看滿月，一邊跳舞，我走出去，路上看到一隻手掌大的蟾蜍。表面坑坑窪窪的土色蟾蜍，趴伏在月亮所在之側。我坐在蟾蜍旁，望著滿月祈禱。那是對一切都感激的靜謐夜晚。

進入祈禱場宿舍後，我向同在的神師父、清州巫女和蔚山道士致謝行禮。神師父對我說：「妳只要秉善而活。這就是巫女。」我回答：「好的，我會持布施之心活下去。」我們側臥對視，聊著神靈、聊著巫女，就睡著了。

# 我遇見的鬼

## 笑鬼

鬼也有表情，而且表情豐富多樣。有的鬼面無表情，有的鬼在哭，有的鬼在笑。在我遇見的鬼之中，印象最深刻的鬼是笑鬼。

第一次見到鬼是十六歲的時候。從上午開始，身體就不舒服，在學校還硬撐著，一回到家，我直接躺到床上。當時是晚上八點左右。隱隱約約感覺房間角落有什麼東西，一查看，一名紮著雙馬尾的女孩蜷縮在床底下，我慢慢起身又躺下，這時，她迅速爬向我。

孩子爬到我身上，看著我清清楚楚說道：「別看這個。別看這個，知道了吧？」滑稽笑著的女孩表情嚇我一跳。雖然希望這是一場夢而掙扎著，但這不是夢。鬼的表情不是有求於我，而只是像開玩笑般玩弄我，令

人害怕。

有人說，在鬼之中，笑鬼最可怕。因爲它不是眞的心有所願，也不是想訴苦。通常，鬼安撫好就會走，但笑鬼安撫也行不通。由於難以溝通，笑鬼也不容易送走。

自從遇見笑鬼之後，看得到的就多了。我可以感受到一閃而過的煙氣、烈焰熊熊的形體、透明霧狀的某物。我憑直覺就知道那東西是鬼。

## 不知道自己已死的鬼

有的鬼不知道自己死了。行爲舉止依然與生前一樣，闊步走在街上、在原本居住的家中煮飯洗衣。

我曾經住在麻浦大橋下的半地下室裡。那房子有許多以前住過的人的痕跡。每個邊角都貼有避免碰撞受傷的保護條，房間各處設有移動時可以輔助使用的把手。雖然是又小又潮溼的獨立套房，但可以感受到有人精心佈置與生活的痕跡。

在那裡，每次都遇到相同的靈魂。身穿黑色T恤、破舊灰褲，頭戴警衛帽的老爺爺。老爺爺像進出自己的房間一樣。有時候，老爺爺站在廚房一角，哼歌做飯。有時候，他還會若無其事地走進洗手間再出來。對他來說，我像鬼一樣，絲毫不把我放在眼裡。似乎他沒有意識到我，完全沉浸在自己的生活。

老爺爺走起路來一跛一跛。他是否在這裡住了很久？所以這裡才有很多邊角護條和輔助把手？後來習慣了，還會想著老爺爺今天來不來。雖然會想與老爺爺搭話，但他又不是活著的人，不知道搭話要做啥，所以就不了了之。

房屋租約到期，我離開那房子時，從房東那裡聽到他的故事。

老爺爺原本在附近大樓擔任門衛，後來獨自死在這間房子裡。我懷著向老爺爺告別的心情，把邊角護條和輔助把手都擦拭乾淨。老爺爺，今天也會在房子裡做飯嗎？

## 活著的鬼

不是只有死人才會變成鬼。有時候，活著的人也會以鬼的樣貌出現。有一天，我與朋友一起冥想。房子窗戶敞開，我迎著風，與朋友併肩而坐，安靜冥想。突然，我想散步，就從位子起身。「我出去一下就回來。」朋友回答：「嗯。」朋友留在家裡，我獨自出門。當時我們所在的家位於十三樓，但電梯停在十三樓就不動了。過一會兒，電梯門又打開。電梯門前站著說要在家的朋友。我向朋友問道：「你做什麼？要一起出去嗎？」朋友一言不發，面無表情站著。「不搭電梯嗎？」我問道。就在此刻。朋友突然像透明人一樣從眼前消失。就像電影情節，人就地消失。是我看錯了嗎？我嚇一大跳，重新打開關上的電梯門。這時候，朋友又站在原位上。「搞什麼，你眞奇怪。」我捂著怦怦跳的心臟，關上電梯門。

散步回來一看，朋友依然坐著冥想，姿勢不變。我問朋友：「剛才爲什麼跑出來，嚇我一大跳。」朋友看著我說道：「妳說什麼？我一直都待在家裡啊。」我嚇得癱坐原地，渾身起雞皮疙瘩。雖然那是接受降神儀式之後的事，但現在回想還是很可怕。

巫女有時也怕鬼。那個存在是我的朋友，還是鬼？是朋友太投入冥想，乃至於靈魂出竅，還是鬼在模仿我的朋友？直到如今，我還是摸不著頭緒。

# 躲起來的鬼

有時，鬼會躲在客人的臉後來找我。通常，這些有話要說、有話想聽的鬼先躲起來，看到我之後，再請我代爲傳話。我一邊聽客人的故事，一邊察覺客人背後的鬼，安慰他們。

有一次，客人來找我。客人來之前，我就身體發冷。與客人見面時，我嚇了一跳。客人的臉只有一個，但看起來兩個臉疊在一起。樣子是客人之外，還有另一存在。我直覺認爲那是鬼。我問客人：「您是一個人來的嗎？」客人兩眼圓睜問道：「什麼？」意思說，明明看到我一個人來，爲什麼那樣問。這時候，看起來與客人重疊的另一張臉，立刻躲到後面。我一邊祈禱，一邊占卜。「別躲起來，出來吧。我不會傷害你。」

接下來，躲在客人後面的鬼魂眞實身分揭曉。客人說道，他的摯友去世之後，數年來一直飽受憂鬱症的折磨，內心非常鬱悶，所以來找我。原本離開客人身邊的老朋友，現在依附著客人，魂魄只能在九泉遊蕩。我對客人說：「朋友來了，他在這裡，有什麼想說的就說吧。」他嚇一大跳，說出想對朋友說的話。客人從眼裡流下眼淚，看似與眼淚交疊的朋友的臉也漸漸消失。諮詢結束後，我一邊燒香，一邊打開窗戶說道：「現在別躲起來，像雲一樣自由飛翔吧。去哪裡都好。」

## 哭鬼

來找我的鬼，大部分是女性。小時候遭受性暴力、意外懷孕而被拋棄、遭丈夫用掃把打到死、很久以前被視爲魔女而被燒死的女性。她們沒有手，所以無法書寫，她們沒有腳，所以無法任意外出。我配合他們的腳步行動，當他們的手寫作。

當時，我在祕魯。有一天，在廚房一側看見一名獨眼女子。從那一隻眼，她潸然淚下，望著我看。我嚇了一跳，僵在原地。雖然希望是夢，但對我來說，這不是夢。然後，她的切身經歷像電影跑馬燈一樣閃過。她是被丈夫用掃帚打死的。

遇見她後，我像被什麼蠱惑一樣，光著腳跑出去，徒步走到祕魯利馬聖克里斯托瓦爾山丘（Cerro San Cristóbal）的一處貧民區。這是在巨大土山周圍密密麻麻建起房屋的村莊。走在那裡的路上，我被許多女性附身（現在回想是附身，但當時覺得所有存在都是我）。我嘴裡不停發出陌生女子的聲音。路過看某人一眼，就會被她附身，發出聲音。時而以小女孩的聲音苦苦哀求，時而以用老奶奶的聲音呵斥。「哥哥當時爲什麼那樣？」「你這傢伙，知道那時候我有多痛嗎？」

當時我哭哭啼啼，在路上引起騷亂，最後遭人舉報，被警察抓去拘留所。在前往拘留所的路上，我從窗戶映射看見自己的模樣。整天未梳洗的臉，亂如麻的頭髮，赤腳而變得烏漆麻黑的腳底。我的樣子正是小時候害怕的那種女人，不折不扣的鬼樣子。

被關起來的期間，我祈禱。因為太多靈魂在我身上進進出出。出了拘留所，我在附近的餐廳吃飯。吃著熱騰騰的玉米湯，在我身上進出的一票靈魂也得到安慰。然後，我平安無事地回到家。首先，把黑黑髒髒的腳丫洗乾淨，手也擦乾淨。來到我身邊的這些人，明明是擁有陌生面孔與聲音的異國人，但他們的委屈觸動了我。當時，我覺得她們是另一個我。為他們解開憾恨時，我的恨也煙消雲散，感到身心都充分放鬆。

在祕魯歷經附身之後，我下定決心，不管是死人還是活人，我都會留有小小的餘地同理他們的痛苦。爲了此時此刻得不到同理而被排擠的存在，我會把自己的所見所感一一寫下來。

## 日常生活中的鬼

小時候我很膽小。我特別怕像蟑螂一樣的多足昆蟲、無人空屋、黝黑暗夜。其中最怕的是鬼。連續劇《傳說的故鄉》（전설의 고향）裡頭「處女鬼」的臉，每天晚上都浮現腦海。睡前躺下時，在路燈的光線下，樹枝在牆上映成影子。那影子，看起來像是披頭散髮的女人。此時，我都會把臉埋在媽媽懷裡，聽著安眠曲勉強入睡。

遇見好幾個鬼之後，我漸漸不怕鬼了。鬼是蒙冤而無法拋下對生命的眷戀，只能在九泉漂泊的存在。因爲仍有事情懸而未決，所以無法離開。它們希望有人能爲自己化解冤屈，聽自己說話。知道這一點後，我對它們的故事感到好奇，甚於覺得它們可怕。究竟它沒辦法化解什麼樣的憾恨呢？

鬼比我們想像的更貼近日常。不僅人，器物與動物也附有鬼魂。據說鬼怪附在掃帚上，到了晚上就變成害人的鬼。不只掃帚，萬物都蘊藏著靈魂，連看似沒有生命的器物也住著靈魂。因此，必須好好打掃家裡的每個角落，灰塵積得多的地方，得定期淨化與整理。

日常生活中共處的各種鬼，我稱之為客人。實際上，也人有說客人（손님）的「손」的意思是鬼。自古以來，我們的祖先都將鬼視為訪客，努力與它們共存。例如，在屋簷掛上辣椒、把掃帚立放在大門旁、在院子角落放上白米飯。巫女的工作，不是只想著趕走如空氣一般存在的這些鬼，還要思考與實踐如何和平共存。

現在，比起鬼、多足昆蟲、夜晚，活著的人更可怕。傷害他人的人、得意自誇的人、從不為他人著想的人、振振有詞說沒有歧視的人、隨意批評他人的人，我都怕。俗話說，人最可怕，這是真的。

第二章

# 儘管如此，我依然是我

# 巫女不能叫巫女……

在寵物愛好者之間，我的綽號是「Glesha」。拆解開有全球薩滿（Global Shaman）的意思，也有寫作薩滿（글 쓰는 샤먼）的意思。用巫女（무당，韓文漢字爲巫堂）一詞，不知爲何聽起來特別俗氣，但用薩滿一詞，似乎覆上神祕又幹練的形象。所以曾有一段時間，我以薩滿自稱。

「您好，我是從事薩滿藝術的洪承喜。」

在海外生活時，我介紹自己是薩滿，而非巫女。「你好，我是來自韓國的薩滿。」這時，人們的反應都覺得好酷。「哇，眞棒！」但回到韓國，我用薩滿的韓文「巫女」自述時，人們的反應迥然不同。帶著懷疑的眼神，嘲諷那不是迷信嗎。看到這樣的反應，我很納悶爲什麼聽到薩滿會覺得很酷，而巫女卻成了貶低的對象。

我正在經營 YouTube 頻道「洪承喜」（홍칼리 Kali Hong）。該頻道會上傳一周運勢和新年運勢，也會分享因爲各種事由前來的諮詢影片，還有巫女日常生活的 Vlog。頻道最忠實的訂閱者，大概是爸爸吧。爸爸很積極地監看我的影片觀看次數、什麼內容受歡迎、以後上傳什麼好，進而提供建議。

有一天，爸爸傳來訊息。「承喜啊，這次影片中提到巫女。什麼都好，但別叫巫女。妳應該說薩滿，而不是巫女。就像西方所謂的精靈（elf），用類似的形象比較好。」

我對爸爸說：「你是說用英文薩滿來稱呼巫女？」薩滿或巫女是一樣的詞，聽到爸爸說要改變用語，我不禁呵呵大笑。眞奇怪，爲什麼不能叫巫女，而必須稱薩滿？或是精靈……？（精靈的概念是不一樣的吧？）爸爸回答：「因爲巫女感覺像是迷信，無法取信於人。」

有些人尊稱巫女爲萬神（만신님）、菩薩（보살님）。巫女一詞，反而成爲貶義詞。爲什麼呢？薩滿轉換成韓文，就是巫女。薩滿的詞源是「知者」，知曉一切的人。巫女的詞源是「問者」。以詞彙來看，處於看透一切地位的薩滿固然好，但擁有問者意涵的巫女也很好。

爲何韓國巫女帶有問者的意涵呢？「巫女」給人對答如流的印象，更勝於打聽探問的模樣。不過，在客人來訪時，巫女問客人、問神靈、問自己，意思不就是如此實踐的人？

不久前，一位從事巫女工作兩年後引退的朋友問我。

朋友　承喜為什麼認為自己是巫女？

承喜　嗯……因為接受降神儀式之後，正在從事算命工作嗎？其實，我認為，巫女是我穿上的角色之一。如果想想為何成為巫女……對我來說，打破偏見是很有趣的。我好像是為了揭露巫女衣裳上沾染的偏見而成為巫女。

正如我向朋友說的，巫女是我扮演的角色之一。我是巫女，但不只是巫女。我也是寫作、畫畫、舞蹈樣樣來的人。我是做料理的人，也是愛狗的人。因爲關心遭到社會冷落的故事，我一直從事揭露這些故事的工作。

接受降神儀式之前，如果自我介紹說我是「寫作又畫畫的人」，人們會說：「這究竟是從事什麼樣的工作……？」並且露出一臉懵懂。不過，一加上「巫女」這個修飾語，反應就變得不一樣。困惑的表情消失，倒露出一臉尷尬，小心翼翼地開口說道：「啊，原來如此。我完全不知道。」接著說：「您說話好溫柔，不像巫女。」「您長得不像巫女。」「看來您的經歷與外表很不一樣。」「雖然我不相信這些……」

成爲巫女之前與之後，我聽到的話語如此不同。爲何有這樣的變化呢？我認爲，藝術家和巫女的職業並無區別，兩者皆是表現憾恨喜悅的職業。畫符與人分享、以舞散播喜悅、用言語文字溝通、爲受壓迫的疏離存在解恨，巫女是這樣的人。

社會氛圍只關注巫女的預知力、超能力，但其實從很久以前，巫女就是以跳神祭爲共同體存在消解憾恨、分享喜悅的文化企畫者。我喜愛的已故巫女金錦花（김금화）[13]師父曾經這樣說過：「跳神祭是門綜合藝術。希望大家能夠放下偏見，敞開心扉，將它視爲可以浸淫其中的綜合藝術。」

她也強調：「終究，對於巫女來說，品德也很重要。」她曾在路上爲世越號慘劇的犧牲者舉行追悼祭。

我對世界感到好奇，對他人感到好奇，因此開始表述。巫女是此脈絡的延伸。我之所以成爲巫女，不是想要看穿你，而是想要了解你的故事，你自己也渾然不知的故事。巫女的職責在於與人溝通，分享憾恨喜悅，但，我似乎得述說自己的故事，才能超脫固有形象，才能眞正存在。本書命名爲「我的巫女日記」的理由也緣於此。我想探問貼在巫女名條上的種種偏見，一邊嘗試釐清與去除汙點，一邊若無其事地哼唱，就這樣，開始講述起我的故事。

「您好，我是巫女洪承喜。」

13 譯注：金錦花，韓國國寶級巫女，國家無形文化財第82-B號持有者，一生致力推廣韓國薩滿文化。二〇一四年上映的紀錄電影《萬神》（만신）卽是敘述金錦花傳奇一生。

# 擁有母胎信仰的巫女

「哇，背後居然有十字架！」

進行降神儀式時，神師父向蹦蹦跳跳的我說道。「十字架嗎？啊，我以前常上教會。」我是打從娘胎就上教會的母胎信仰者。媽媽來自虔誠的基督教家庭，從小出入教會，親戚接二連三成爲牧師、勸師（권사）[14]、

傳道士。我從小學到，巫女是因襲迷信的人。路經懸掛紅旗的神堂時，會聽見「信鬼（不信上帝）之人」說話，也會聽到有人向穿著韓服走過的巫女啐語道：「下地獄的人。」對我而言，巫女本身就是犯下滔天大罪的人。

這樣的我，竟然接受降神儀式，實在令人莞爾。做完降神儀式的次日，神師父向我介紹研習經典的聚會，說不妨一起去看看。我們去的那天，恰好是讀聖經的日子。神師父對我說：「哇，他們說要讀聖經！承喜一定很喜歡。」我笑了笑，環顧人群。聚會上有神師父在內的巫女、穿著袈裟而來的僧人、戴著十字架項鍊的基督徒等各式各樣的宗教人士。輪流做自我介紹時，我說道：「我是昨天剛接受降神儀式的巫女。聚在這裡的人，雖然宗教各不相同，但我覺得共同點是每個人都勤問好學。很高興能與大家一起學習。」

14 譯注：韓國基督教會特有的執事人員。

聚會結束後，我們去了附近美食街的美味餐廳。餐廳牆上畫有大幅塗鴉。寫上「衆神也著迷的滋味」的字句，猶太教的拉比、佛祖、外星人、耶穌、印度教的濕婆神圍坐共餐。大剌剌坐在中間的外星人頭頂光環，吃著麵條。看到這畫，我噗哧笑出來。

一同聚會的我們也圍坐共餐。吃飯時，坐在旁邊的野花，聊起她研習各種宗教經典的緣由：「我曾經在教會工作很長一段時間。無酬負責各式各樣的事務。我懷疑這是否眞的是上帝的作風，但教會沒有接受我的意見。他們說我的想法危險又迷信。所以我離開教會。現在，就這樣一邊參加研習聚會，一邊自己修行。」我喜孜孜地說：「我也是（基督教）母胎信仰！」說完看了看神師父的眼色，悄悄補充道：「雖然現在是巫女，嘻嘻。」

我曾經也有像野花一樣努力上教會的時期。六歲時，坐在教會前的鞦韆上，望著夜空中的星星，感受到上帝與我連結的完好，口中哼起讚美詩歌。上小學時，一到聖誕節，我們會吹直笛合奏，教會的傳道士和朋友們都非常喜歡。我不再上教會，是在二〇〇八年反對狂牛病美牛進口的燭光集會如火如荼之際。當時，主任牧師責備參加集會的我：「別去這類集會。凡事都有上帝的旨意，那樣做是沒有用的。一切有祂的旨意。」

從此以後，我感受到種種不自在。傳道說教時，向女性教導妻子角色、向男性教導父權家長角色的性別歧視，對於質疑本身的否定，或者「那是迷信」之類的答覆，聽到這些都令人感到不舒服。於是，我十八歲時離開教會。此後，我獨自祈禱、寫作，延續自己的信仰生活。野花也像我一樣有很多質疑，因此離開教會。我們質疑慣習，所以被冠以受「迷信」蠱惑的汙名，我們提出疑問，所以遭指責信念不足，於是，我們離開教會。

吃完「眾神也著迷」的美味一餐後，回家路上的腳步十分輕盈。野花說，她每天凌晨三點三十分起床，邊寫作邊開始新的一天。想像著野花身處的靜謐拂曉，我莞然微笑。

接受降神儀式之前，我最先去的地方也是教會。由於這裡是一個警惕性別二分法或性別歧視教義，以及與疏離存在有所連結的教會共同體，所以可以理解我的苦惱和猶豫，並進行對話。牧師戴著淡紫色的圍巾，以燦爛微笑迎接我。一與牧師雙眼對視，我就流下眼淚。

承喜　牧師，我長期處於精神疲憊，備感艱辛，也曾經歷幻視和幻聽。去過多家精神科門診也找不到辦法。懷著抓住一根稻草的心情，我正在考慮是否接受降神，畢竟我是母胎信仰者。請問接受降神儀式的話，會犯罪嗎？

牧師　我認為不管走哪條路都可以。

承喜　真的那樣也沒關係嗎？

牧師　世界上也有非常棒的巫女，還有反對歧視、與疏離存在有所連結的巫女。妳也可以那樣做。

牧師用溫暖的眼神看著我，以堅定的聲音說話。面對正在煩惱是否應當接受降神儀式的我，他安慰說不管走哪條路都可以。牧師緊緊擁抱選擇成爲巫女的我，我覺得我也可以像他一樣，成爲擁抱十字架的巫女。

# 巫女也談該死的戀愛

卜算未來，料出別人的戀愛運勢、戀愛對象是否出軌的巫女。有的偏見認爲，這樣的巫女很會談戀愛；又或者認爲，巫女根本不談戀愛。我的情形與這些偏見不同，我談過戀愛，而且談過許多次，但大部分都很淒慘。

相識四年的前任，是一名藝術工作者。他是典型窮苦藝術家的生辰八字，身無分文，擁有的只是純潔的心靈，以及藝術家的氣質與衝動。我們一起住在半地下室，靠我掙的收入餬口（像這樣養戀人或丈夫的巫女比比皆是）。我也把這視爲天生注定，供他吃住。

有一天，與戀人睡覺時，夢中出現童女。童女與我在花叢中跳舞玩耍。但一起玩的童女突然睜大眼睛：「他和某某一起睡過！」祂指著我的戀人這樣說。我被童女的聲音嚇醒。我把睡在身旁的戀人搖醒，然後說道：「你有事情沒有向我坦承。」戀人露出訝異的眼神，立刻如實相告。他與我的閨密妹妹有染。戀人爲這段時間說謊道歉，認錯祈求原諒。我又哭又氣憤，感到被背叛而顫抖不已，我想一定得分手。

要是故事那樣結束就好了，但分手一周後，我們又再見面。巫女又如何，神靈告訴我又有啥用。最後，我順著內心再度與他見面。我們經常起爭執。但與最初不同，後來戀人和我吵架時，有時會扔椅子或推人。他開始使用肢體暴力。每當此時，我會大發雷霆，決定不再見面，卻又總是反覆再見。在與遭受約會暴力卻無法分手的客人諮詢時，我會說：「一定要分手。」但眞正自己遇到了，卻分不了手。

分手後又再度相見的一年裡，我們瘋狂吵架，反覆和解。每次吵架都決心分手，但決心無法持久。這段時間身心投入感情，所以太難放手。直到一年後，我們在幾起事件上產生矛盾而疏遠，最終才澈底分手。

來找我的客人，說著自己談了多次該死的戀愛，不時唉聲嘆氣。我回答道：「身爲巫女的我，也談該死的戀愛。」幸好有淒慘的戀愛經驗，我才能謙遜地占卜戀愛運。

我從前任的經驗中得到教訓，也下定決心。我要相信自己的直覺，遵循神靈所說的話。我不要再談悽慘的戀愛。渴望戀愛時，偶爾我會打開 Tinder 看看。去年，在寂寥的冬日，我透過 Tinder 見了十三個人。我下定決心，只見十三個人（數字十三是馬雅曆上繞宇宙一圈的數字）。

其中，曾經遇到一個眉濃額寬的人。面相看起來很爽快。明明年紀輕輕，眼神卻像老爺爺一樣。看著他懶洋洋的眼睛，感覺不是個凶狠或惡毒的人。

我向第一印象過關的他問了出生年月日。攤開生辰八字，滿滿是與我相沖的氣運。我跟他說：「我們八字不合。就輕鬆聊聊，然後解散吧？」他也同意。我們一邊吃早午餐，一邊絮絮閒聊。我一說我是寫作的巫女，他眨眨眼說：「可以爲我寫一篇嗎？」我心想：「你知道我會怎麼寫嗎……？」所以，現在正在寫他。吃完早午餐，我們友好分手，再也沒有聯絡。

在這麼多人裡頭，只有一人適合當朋友，其他人都與我八字不合。要麼面相不佳，要麼聲音刺耳，要麼沒有禮貌。我全部都不喜歡。有感覺的人，一個也沒有。他們也是這樣看我的嗎……？我一介紹自己是巫女，他們全都驚慌問道：「巫女也可以談戀愛嗎？」這時我笑著回答：「有值得戀愛的人就可以。」

問題只是還沒找到那樣的人而已。

不，這也不成問題。現在遇到心儀的人，我會想就這樣建立友誼，不會產生非要拴住他成爲戀人的慾望。最重要的是，我有友情深厚的家人、朋友、客人，所以並不孤單。不過，偶爾感到孤獨時，會偷偷下載Tinder，然後重新刪除。好像這也重複了十三次。

再見，我該死的一場場戀愛。

# 咖哩與我

去年秋天，老同事繡球來家裡玩。繡球連續好幾年苦於求職，好久不見的她想找我作算命諮詢，順便來家裡玩玩。玄關門一開，愛犬咖哩搖著尾巴向繡球跑過去。一下子就與咖哩變得親近，她笑說：「我和貓咪一起住，很不熟悉狗狗的熱烈歡迎。」繡球一屁股坐在地上，摸著咖哩的小腳掌問道：

繡球　不過，好神奇喔。我好像是頭一回看到巫女和小狗在一塊兒。不知道為什麼，或許巫女是獨自生活，感覺貓比狗更合適。

承喜　沒錯，有人這麼認為。我說我和愛犬一起生活，常常有人面露驚訝。可能他們認為巫女的八字命格是像孤家寡人一樣生活……？

繡球　巫女出現在電視劇裡頭的模樣，往往是氣勢強大的女人，任何事情都辦得到。感覺像是「不需要照顧或交流等等！」所以看來我也有偏見。

承喜　真的。常常有人認為巫女更適合與貓同住，而非小狗。繡球與貓一起生活，所以應該理解這是偏見，另外，說貓是有靈性的動物也是類似的偏見。

繡球　沒錯。常聽人說貓是有靈性的動物。

承喜　貓具有靈性的說法，似乎是用這種方式將貓神祕化、對象化。也有人以此為由，虐待流浪貓。

繡球　是啊。我的奶奶也說看到貓會觸霉頭，所以她很討厭貓。

承喜　就像看到貓會用腳踹一樣，也有人說看到巫女住的神堂旗幟會倒霉，所以吐口水。從這一點來看，我覺得貓與巫女的處境是雷同的。

繡球和我點了點頭，陷入沉思。在恐怖片或驚悚小說中，貓也是常見元素。電影《康斯坦汀：驅魔神探》（*Constantine*）出現通過貓眼進入陰間的場景。愛倫．坡（Edgar Allan Poe）的小說《黑貓》（*The Black Cat*）中也有貓登場，貓被刻畫的形象代表了弒妻主人公的敏感神經。電影《貓：看見死亡的雙眼》（고양이 : 죽음을 보는 두 개의 눈）中，貓也是以看見死亡的眼睛出場。貓是會與殺人、陰間、鬼神一起搜尋的單詞。

有時被問到的問題，與繡球問的正好相反。「因爲是巫女，所以養狗狗嗎？」如果說貓是看得見鬼的靈性動物，那狗的形象就像驅鬼將軍。驅鬼犬也經常出現在民間傳說中。爲受鬼怪蠱惑而迷路之人引路的白狗、救出獨留在失火家中之主人的小狗，諸如此類的故事不知凡幾！

咖哩，這名字取自我喜愛的印度飲食。我是承喜 Kali[15]，所以選了與「Li」諧音的名字。咖哩不會對著空氣吠。恐怕不是看得見鬼的狗。不過，咖哩很機靈，牠會把放在桌上的年糕拿到鞋子裡藏起來。咖哩的運動神經很好。咖哩與我一起住在海濱區時，我們常常去海邊游泳。牠不怕水，會把身體投入浪花。咖哩在無邊無際的沙灘上肆意奔跑時，還被封爲「閃電」，「閃電！跑！」咖哩有時會因爲亂跑受傷，但與我不同，牠幾乎沒什麼小病痛。

若是非要加上修飾語，咖哩不是看得見鬼的狗，而是會好好照顧我的狗。雖然我才是牠的守護者，但咖哩也照顧我。與咖哩一起散步回來後，我會爲咖哩擦拭沾滿泥土的小腳掌，用吹風機吹乾。我生病時，咖哩會如鬼神般敏銳察覺，舔我的臉和手。咖哩的體溫，讓人暫時忘卻疼痛。

我與咖哩，如同世界上的眾多存在一樣，並非孤單佇立，而是以纖弱身軀依偎著某人生活。所以，若非要說我與咖哩同住的理由，只能回答：「因爲我們是彼此需要的存在。」巫女也會是在生活中彼此扶持照顧的地球成員之一，我必須指出這個新奇的事實。

七點起床、寫夢境日記、伸懶腰、刷牙、喝水、喝甜菜汁、與咖哩散步、擦拭咖哩的腳、爲咖哩清眼屎和梳毛、祈禱與冥想、寫祈禱文、擦地、洗衣服。這是我的早晨日課。起床後的家務勞動中，最耗時的就是照顧愛犬咖哩。但在早晨日課中，最開心、最愉快的時光，也是與咖哩一起出門散步的時候。

散步路上遇見的每一棵樹，咖哩都會到樹前聞聞味道。昨天向這邊的樹打招呼，今天向那邊的樹問好。對於「當下」，咖哩比我更敏感，在咖

15 編注：作者的漢字名字爲承喜，但韓文名字發音爲 Kali。

哩的眼中，每天相同的散步路線，卻是每一日充滿不同氣味與色彩的新地方。散步的時候，想像著咖哩如何感受當下，熟悉的路途也會顯得陌生，這瞬間，彷彿是收到禮物一般的感覺。

早上做完家務之後，我會點香。爲了與來找我的另一孤獨存在見面與進行算命諮詢，今天我也預先在室內焚香。滿室生香，關上門時，咖哩會在門前嗚嗚叫。最後，我還沒祈禱完，就想看看咖哩，於是打開房門，見到咖哩的臉。反正，今天我得把咖哩摟在懷裡，再開始算命諮詢。

# 讀書的巫女

「我一看書就會打哈欠，所以我不看。」

我正在看書，悄悄走近身旁的神師父說道。她有一雙上翹的大眼睛，第一次與她對視時，覺得她像鬼怪一樣。雖然不記得她說的第一句話，但她的嗲嬌鼻音卻記憶深刻。從那時起，對我來說，她成了可愛的鬼怪形象。她之所以成爲我的神師父，緣於在我困頓之際，是她挽起雙臂，站出來爲我舉行降神儀式。

師父以新奇目光，盯著看我讀書的樣子，她不禁問道，打哈欠是神進出的信號，怎麼妳還讀得下書和寫作呢？第一次送我的書給神師父時，她也是這樣說：「哎呀，妳眞是神奇的炒碼麵（짬뽕）[16]。」

巫女大致可以分爲兩種：降神巫和學習巫。降神巫是透過降神儀式成爲巫女，至於學習巫，顧名思義，意指學習後成爲巫女。因此，神師父的話想要表達，我是混合了學習巫與降神巫的巫女。不僅神師父，許多其他巫女也說，如果不是特別的學習巫，就沒有必要再接近書本。

降神儀式後不久，像我一樣最近接受降神儀式的童弟子（애동제자）善女傳來訊息（童弟子意指剛接受降神不久的巫女）。

**善女**　幸會，我是不久前接受降神的童弟子善女。讀著童弟子承喜的文章，我獲得力量，也學到很多。我的神母親要我別讀書，所以我是偷偷看您的書。但我很好奇，您讀書也沒關係嗎？神母親說，童弟子時期要練習與神靈溝通，但書有礙練習，所以要我別讀。我無處可傾訴，所以在此傳訊息給您。

**承喜**　幸會，善女。在與神靈溝通的過程中，必須學習相信自己直覺的方法，似乎是怕妨礙這部分，所以才說不要讀書。我也曾經煩惱過這個問題，我認為，重要的是讀誰的故事。如果善女讀了我的文章，內心有任何觸動，不管是什麼樣的媒介，我認為都是神靈的意思，都是善女有此需要而做的事。我們繼續讀書、寫作、溝通吧。謝謝您。

16 譯注：炒碼麵（짬뽕）是辣炒海鮮什錦湯麵，很受韓國人喜愛的一道韓式中菜，引申有大雜燴之意。

回完信後，我有更多的想法。我也經常聽說，巫女最好不要讀書。理由是這會妨礙與神靈溝通的占卜能力。在某方面，這樣說是有道理的。因爲有很多書會讓我無法相信自己的直覺與內心。由白人男性作者撰寫、具哲學權威的書籍，以非障礙男性（비장애인 남성）爲敍事結構中心所寫成的衆多文學與非文學，皆是如此。

讀這類書的時候，不知不覺會習得偏見。爲了對此有所警惕，從很久以前，巫女不再讀書，而是聆聽街頭婦女的絮語，側耳傾聽她們深懷憾恨的哼唱。這些哼唱化爲跳大神的主題，口耳相傳，包括現今西海岸船入水巫祭（서해안 배연신굿）在內的衆多祭曲皆源於此。所以，讀書與否並不重要，讀誰的書，似乎才是重要的選擇。因爲這關乎選擇聆聽誰的故事。

我讀過的巫俗信仰相關書籍是詩人金惠順的《女性寫作》（여성이 글을 쓴다는 것은）。該書述說女詩人的語言與進行表演的巫女的語言如何相似。在閱讀此書的過程中，我得以將自己接受降神儀式的緣由化爲語言。

「挫折、不安、面臨生活極限的女性罹患神病，不僅僅是消極擺脫自身生活桎梏的意志或慾望本身，還體現了在絕望的極端狀況下，積極尋求發揮創造本領之人的地位的慾望。這是關於想要粉碎現有男性敘事結構之變奏的慾望。」

——金惠順，《女性寫作》

古時候，女性能夠閱讀與表達的職業並不多。唯獨娼妓與巫女能夠在男性面前說話、寫詩、畫畫、跳舞。話語的力量，用言語爲自己發聲的力量，對於今日女性來說，也是迫切的需求。選擇成爲巫女，是我不讓話語歇止的決心。愈用其他人的話語塡滿我的話語，愈可能對他們的話語產生共鳴。

我還想聽聽其他巫女的故事。成爲巫女，她們曾有什麼樣的經歷、箇中悲喜爲何、遭遇的各種憾恨是什麼樣子。跟著故事走，最隱祕、最疏離的哭聲將悠悠浮現。

# 爲土地祈禱

巫女也在學習，不像預想的那樣，只學與神相關的東西而已。最近我在學習氣候危機、女性主義、障礙研究（Disability Studies）等。從今年五月開始[17]，每周四都會用 Zoom 參加線上讀書會。每周分享近況，表達感謝，學習新知。看著瀕臨滅絕動物們的照片，一起默想，用作品表達我對氣候危機的心意。巫女也是這個社會的成員。我認爲，持續努力學習並與周圍環境接觸，對於巫女來說，也是一種責任和權利。

動植物與事物之中也蘊含著存在，就是「精靈」。精靈融於萬物而存在。土地、風、廚餘、書桌、米粒中，精靈都在呼吸。所以巫女撒米粒後，用「隨手」排列的米粒來占卜。這是讀取精靈的氣運，進行溝通。

精靈也有憾恨。動物們因工廠式養殖而無辜死去、大型漁業製造的垃圾島導致海洋中的魚群死亡、人類超量排碳使空氣遭到污染、亞馬遜森林遭濫伐、山林大火使風受到污染。土地與風中的精靈受壓抑而爆發，造成的現象就是新冠病毒、懸浮微粒、氣候危機。氣候危機不是從遠處驟然來到，而是積怨的精靈們向外爆發後發出的嘆息聲。

我好奇很久了。追求產業成長、經濟成長，眞的有必要犧牲某人嗎？我向大地之神帕查瑪瑪（Pachamama）祈禱，提出疑問：「眞的非要有所犧

17 編注：本書原文出版時間爲二〇二一年八月，文中出現的時間點，均以原文出版時間爲基準推算。

牲嗎？沒有無犧牲的共存方法嗎？」接著我聽見帕查瑪瑪的回答：「所以我才給予了無生命物：水、火、空氣、土壤。換句話說，金、木、水、火、土。所以要知道，一把椅子也要好好珍惜，一件垃圾也蘊含神聖。隨意對待物品的話，都會有反作用力。因此，現在地球生病了，無生命物也感到痛苦。儘管如此，它們還是忍著讓你們使用。但現在，一切資源消耗殆盡。製造機器人、開發人工智能固然好，但別忘記無生命物之類的存在也蘊含著無意識與靈魂。我們（土地）只盼望你們以珍惜之心使用任何東西。別忘了，無生命物因爲你們而瑟瑟發抖，物化的存在也在哭泣。妳不是對無生命物很好嗎？那麼，無生命物會報答妳，這就是道理。」

今年五月，東大門設計廣場前，曾經舉行因應氣候危機的「珍愛地球郊遊」活動。鋪上四人用地墊，喝茶、畫畫、開起義賣會。我穿上用紅布製作的衣裳，一起表演《紅色精靈》。「紅色精靈」是始於英國的氣候危機表演團體「Red Rebel Brigade」，世界各地許多人以抵抗滅絕之名聯合起來。我與同行的三名同伴冥想四元素，祈禱後穿著紅衣上街。有時把手掌貼在柏油地上，感受土地的震動，有時抬頭仰望天空。每當紅布隨風飄揚時，身體也會一起顫抖。可以感受到同哭同笑的萬物精靈。

六年前，由於禽流感病毒，曾經撲殺了數以千萬計的雞鴨（現在這種事還在反覆發生）。當時，我與製作紀錄片《雜食家族的兩難》（잡식가족의 딜레마）的黃允導演（황윤）和多名動物權益運動者一起舉行慰靈祭，哀悼因工廠式養殖而受苦的雞、鴨、豬等。我在脖子和臉上畫上密密麻麻的雞翎毛，還在慰靈祭上做了朗讀表演。

「因爲工廠式養殖，見不到一絲陽光而埋在地下的鳥兒們，縱使一一拾起牠們的呻吟，裝入袋子裡，鳥兒還是發出悲鳴。這悲鳴稱爲病毒。」

當時我還沒有接受降神儀式，但不是已經在做安撫冤魂與祈福的巫女工作了嗎？

靈魂也停佇在無生命物上。萬物是活著的。看看放在我的小神堂裡的無生命物。頌缽、燭台、香座與祕魯聖木（Palo Santo）木片、蝴蝶鈴鐺、花崗岩磁手鐲、寫咒文的黃紙、筆和五方色包。然後看看旁邊放的無生命物。水、杯子、手機和紙、鉛筆、書和垃圾。

看看放在廚房裡的剪刀和碗。這一切，看起來都是珍貴的神物。我用無生命物占卜。大地跟我說話。

# 純素主義的跳神法會

我喜歡涼拌蕨菜和涼拌菠菜。一定要吃蔬食小菜，肚子才會飽飽的。

雖然嚮往素食，但偶爾也會吃肉。一開始，我嚴格堅持素食，但一個契機讓我有稍微不同的思考。

當時，我去看尼泊爾的巫女庫瑪麗（Kumari）。在尼泊爾加德滿都廣場偶遇的普里安卡，邀請我去他家。普里安卡的家人說想請我吃飯。那天晚上，走進普里安卡的家，一家人忙進忙出，準備餐桌。餐桌上擺著金色餐具，裡面盛著燉羊肉和羊肉湯。我想我應該視情形吃旁邊的蔬食菜餚。因爲，我不好意思在精心準備的飯桌前拒絕。這時，邀請我的普里安卡向我走來，低聲問道：「承喜，妳不吃肉嗎？」我回答是的。

一家人聚在餐桌前坐下，普里安卡說一起祈禱吧。普里安卡先用尼泊爾語唸祈禱文，然後再用英語說一遍。「我們會以感謝的心好好享用面前的羊肉。感謝今天讓我們有這一桌飯的羊兒們。」普里安卡和家人們致意結束各自的祈禱，然後他們等我。我也照我的方式祈禱，再一起祈禱道謝。

這頓餐吃了羊肉，似乎也無妨。懷著感恩的心吃幾口羊肉，然後擦擦嘴，再度致意。「謝謝大家一起爲羊祈禱。很高興今天能一起用餐。」經歷了這次飯前靜靜祈禱的時光後，我偶爾會吃受邀時所準備的肉類菜餚。

兩年前，我曾經去看跳大神。在破屋院子裡，巫女嚶嚶哭著撫慰死者的靈魂。在五花八門的水果和蔬食小菜後方，供上一顆豬頭。我盯著跳神祭桌上的豬臉好一會兒。從豬的眼睛，似乎流出眼淚。這頭豬出生在工廠式的畜舍，度過短暫一生又來到這裡。感覺上，死豬的靈魂比死者的靈魂更痛苦。這段時間裡，牠過得多辛苦。被屠宰後來到這裡，該有多冷有痛。

跳神祭結束後，巫女們將豬頭切薄片，將頭肉盛入盒中。看此情景，我覺得很難過。走出跳神法會，徘徊了一陣子，我陷入思考。然後，我爲豬祈禱。跳神法會沒有準備爲豬祈禱的時間，我覺得很奇怪。我問同行的神師父：「爲什麼非得供上豬頭不可？」神師父回答：「因爲只有這樣才能交換。」也就是說，爲了讓人運勢變好，必須獻上遭遇厄運的牲禮祭品。

跳神法會經常供上豬頭。不僅如此，爲了展示神靈降臨，巫女還會生吃豬腸或啃肉吃。當我決定當巫女時，最苦惱的就是這類場景。要遵循此一傳統嗎？在巫俗信仰中，經常會耳聞在豬或牛遭宰殺後，人們病癒或獲得巨富的故事。正如神師父所言，以這樣的方式交換能量可能是有道理的。但在現代，祭豬頭是有效力的方法嗎？

任何祭品皆有相對的代價。獻上祭品的人加倍施捨給其他人，才能眞正爲自己帶來福氣。俗話說，積德可以造福，跳神法會也是同樣的道理。跳神法會是巫女接神的巫俗禮儀，而且不只是神，它也是爲所有參與者消解憾恨、分享喜悅的慶典。

從前，跳神法會本身是向沒有食物的村民施捨的行爲，因此更具效果。再者，當時沒有現代的工廠式養殖，感覺供上跳神法會的豬憾恨較少。宰豬時也會爲豬祈禱。分食豬肉時，人們心懷感激，能夠交換好的能量。

但現在如何？在韓國，大部分流通的豬是透過工廠式養殖。在狹窄骯髒的畜舍中動彈不得，只顧著吃東西，活沒多久就被殺死。現在，豬肉可以廉價且輕易地購得。牠們不是有效的「祭品」，而已經是這個世界的犧牲者。爲了活著的人，把作爲祭品而生產的豬供上跳神法會，豈不像是再次揮刀砍向已經死亡的存在？

不僅是豬，雞、鴨、牛也是類似的情形。牠們一生見不到一絲陽光，被關在勉強擠進去的籠子裡，遭強迫懷孕，生育率下降的話，就會被屠宰成肉。飼養場裡，牠們的慘叫聲不斷，牠們的痛苦化爲憾恨，存在身體裡。擺在餐桌之前，我們吃的是牠們的憾恨。如果說巫女的角色是切斷循環的憾恨輪迴，我應該如何面對此一情景？難道神靈眞的想吃冤死生命的憾恨？爲了感同身受冤死的動物、消解牠們的憾恨，我決斷實踐純素主義（veganism），這可不是神靈的力量？

純素，不僅單純意指不吃肉的生活方式。其宗旨是在知道有自己不知道的痛苦存在，要以這樣的狀態生活下去。其態度是側耳傾聽那些不被聽見的痛苦，觀察自己是否背向痛苦不予理會。動物在工廠式養殖生活下受苦、由於人們打造的環境而生病、遭屠宰或撲殺的痛苦，這些都不會在新聞中提及。牠們的靈魂將變得如何？若是連巫女都對牠們的痛苦撇過頭去，誰還會爲牠們祈禱？

聽說要辦跳神法會時，我往往會告訴來訪的客人：「請用公益活動取代牲祭法會。」因爲很多時候，服務奉獻比舉行法會更有效。儘管如此，如果依然認爲跳神法會比較好，可以舉辦無需豬頭或雞肉的跳神法會就好。而我，想在蔬食小菜和水果構成的祭桌上燒香，爲無辜死去的豬、鴨、雞一起舉辦慰靈祭。

## 巫女也有工會嗎？

某一天，我與巫女朋友蘋見面，我問蘋：

承喜　巫女的工作有沒有什麼難處？

蘋　有啊。我在外介紹自己是巫女時，有的人會立刻說：

「請幫我算算運勢。」神靈又不是什麼自動販賣機，說要算就能算出來。

承喜　沒錯，我也經常聽到這樣的話。就像隨便向歌手說「請你唱首歌」一樣。算命顯然也是勞動，但感覺沒辦法被認可為勞動。

蘋　是啊。算命時需要投入許多情緒勞動。

當然，也有不從事情緒勞動的巫女。但，我是屬於情緒勞動偏多的類型。特別是占卜結果爲凶時更是如此。因爲我說的話可能造成創傷，而且對客人說話的瞬間，也可能化爲現實。希望至少在諮詢中，沒有客人心靈受創而回，所以情緒勞動倍增。

蘋也像我一樣，對情緒勞動感到疲憊，她說：「算命的時候，好像非得做情緒勞動不可。客人的情緒狀態呼嚕嚕進入我的內心，我得加以淨化、消解，然後說話。這樣看來，巫女占卜還眞是大量的情緒勞動啊。」

有的客人從進門之前，就引來厭惡一切的情緒。這時，要淨化的很多，會感到很吃力。因爲要占卜，必須看透客人的心，但層層蓋住的情感鬱結會有所妨礙。面對這一類的情緒，巫女確實會感受到自己是情緒勞動者。

巫女也是勞工。我平均每周工作四十五小時。從周一到周五，一天工作九小時。除去早上起床祈禱的時間，準備 YouTube 頻道的一周運勢影片，兩小時；撰寫《神明在看著呢》，兩個小時；與神靈溝通和占卜的情緒勞動，三小時；畫網路漫畫或畫符，兩小時。就這樣，我每天工作九小時，過著實實在在（？）的勞工生活。如果加上周末去祈禱或爲客人算命的時間，一周工作到五十四小時的情況也時而有之。

如同許多勞工一樣，我也是除了午餐時間和休息時間，一整天都在勞動。勞動之後下班休息。晚上時間爲愛犬備餐，與家人一起坐下來聊聊天，結束一日。當然，睡前祈禱時間不算在勞動時間之內。不，應該包括嗎？如果祈禱時間也包含在勞動時間內，加上早上兩小時、睡前一小時，算起來一天工作十二小時。眞是勤奮！

想一想，成爲巫女之前，以自由工作者的身分寫作、畫畫的工作日常也很類似。不同的是，與人見面時（算命時）增加了高強度的情緒勞動，而且大部分的時間都在祈禱，難以區分到哪裡爲止是日常，從哪裡開始是勞動。不時還會有人沒頭沒腦要求幫忙看運勢。

即使從事相同的勞動，有的巫女一天很難賺到一頓餐，而有的巫女一天賺到的錢，堪與大企業的平均月薪相比擬。不同於巫女能夠看見未來，所以很會賺錢的偏見，許多巫女賺不了大錢。偶爾也有巫女能夠識破客人脆弱的一面，談及幾百萬韓元的跳神法會或幾千萬韓元的降神儀式，賺了很多錢。反之，也有照實算命的巫女處境卻更爲惡劣的情況。無法賺大錢，不是巫女無能的緣故。我反而經常看到生活困難的巫女將好運分給客人。

很多人認爲，巫女的工作很簡單。有人看到表面上工作一小時就能收到十五萬韓元（約新台幣四千元）左右的諮詢費，覺得巫女只要會說話，就能輕鬆賺錢，所以口口聲聲說：「我也要當巫女。」這是輕忽了巫女的工作，認爲它非常容易。難道隨便說點什麼就能賺錢嗎？巫女是每天祈禱、修身養性、淨化客人，同時與神溝通、從事諮詢勞動的專業職人。

巫女常說自己是介於人與神之間的存在。但無論如何，實際生活的巫女也是在這片土地上立足生活的勞動者。就像許多勞工一樣，許多巫女也是生活在不平等競爭環境裡的市民。眞希望巫女的勞動能夠被認可爲勞動。

我與蘋開玩笑說道：

承喜　蘋，我們成立巫女工會吧？

蘋　好啊。不過，成立工會之後，要和誰協商呢？和神靈

嗎？（笑）

承喜　建立工會的理由，也是為了讓勞工權利獲得保障。比如，上刀山受傷時，如果能以職災處理，該有多好。

蘋　社會會接受嗎？他們會問，你當初為什麼要那樣做。

承喜　是啊。想被認可為四大保險保障的勞工，應該很難吧？

蘋　儘管如此，我們先團結一起，從我們開始，先好好維護勞工權利。別像自動販賣機一樣，隨便什麼時候都算命。

我對蘋說：「是的。最重要的是我要寫一篇文章，說明巫女也是勞工。」說出此言的我，爲了寫這篇文章，今天又超時工作。幸好，這項工作很愉快。

## 巫女的師徒式教育，難道別無他法嗎？

如果巫女是勞工，那麼神師父的頤指氣使是否會構成職場霸凌？一年前，我去看跳神祭，看起來是神師父的人與剛接受降神的童弟子桃一起舉行跳神法會。初次見面時，對桃的印象是像一顆熟透沁人的桃子一樣，充滿好奇心又聰明伶俐。同樣剛接受降神儀式不久的我，自然視線跟著桃走。穿上漂漂亮亮的韓服，桃正在準備跳神儀式。整理好神服後，桃把年糕與水果呈上祭桌，桃的神師父向她走近說道：「哎喲，連這都聽不懂？」

說得太大聲了，連遠處的我也聽到了。桃說著：「對不起，我重新來。」一邊把呈上祭桌的年糕和水果又拿下來。神師父轉而背向桃，又說：「唉，那樣的話……」然後嘆一口氣。法會開始之前，同樣的場面又反覆多次。後來神師父還敲桃的頭。然後，桃的神師父來到我與人群所在之處坐下，對我們說：「這孩子傻乎乎的，從頭到尾都要人教。」我很擔心桃。

在桃子忙碌奔走的地方，跳神開始了。一開始，桃面帶燦笑，但不一會兒，她不再興致勃勃，甚至看起來一副垂頭喪氣的模樣，只是呆呆看著跳大神。反之，神師父比任何人都興高采烈地蹦蹦跳舞接神。

嚴厲喝斥的神師父與心灰意冷的神弟子模樣。雖然是熟悉的景象，但我思考著該如何看待這樣的事。法會結束後，斥責依然持續。桃不知道該如何整理祭桌而手足無措，神師父在旁又大聲斥責：「這不是一看就知道？先把這個裝箱，然後再整理那個。」我還記得桃在法會開始之前精神飽滿的站姿。那模樣已經無影無蹤，只剩一臉氣餒，看到她按照神師父指示把水果拿下又呈上的樣子，我覺得很遺憾。爲什麼神師父動不動就打壞桃的興致？難道她認爲那樣才是教育嗎？

不久前，剛接受降神的朋友蘋來了。蘋每周與神師父同住三天，接受教育。雖然還在向神師父學習，但她已經自己接客算命。我想知道蘋過得怎麼樣，所以問了近況。

蘋　早上起床，更換神師父的玉水缽、擦拭神師父的神堂地板、擦拭神物、洗衣服，開始新的一天。有時，還有送神師父的孩子去幼兒園的工作。偶爾我會想自己是被僱來當保姆，還是巫女。

承喜　那些事不是應該由神師父來做嗎？照料本身就是祈禱。

蘋　好像是那樣，不過我是以學習的心態在做。

承喜　有領工資嗎？

蘋　我沒有另外領工資。雖然飯也是我做的，衣服也是我洗的。

承喜　拖欠工資啊。那樣不行吧？

蘋　我也不知道。聽說其他巫女在神師父身邊學習時，也會被要求做這些事。

承喜　我接受降神儀式之後，就與神師父分開生活，所以沒有經歷過那類的事。如果遇上那樣的事，我會離開跑掉。

蘋　我也有瞬間那樣想。有時候，神師父會指責我連這都做不到。偶爾也會聽到侮辱的話語，那時候，我也想逃之夭夭。不過，好像真的不應該連洗衣服都做。

承喜　沒錯。為什麼照料家務會理所當然地推給神弟子做呢？那些都是勞動與苦差事。

大部分的巫女都接受一對一的師徒式教育。降神儀式後會留在神師父的身邊，學習各式各樣的事物：占卜的方法、與神靈溝通的方法、辦理跳神法會的方法、擺祭桌的方法、祈禱方法等。過程中，有時學徒還包辦指導者的家務。特別是在宗教信仰階級分明的情況下，問題更加嚴重。也就是說，即使聽到侮辱的話語或被強迫進行不當勞動，也不能說什麼，只能跟著做。

這類教育在巫俗信仰以外的諸多領域也很常見。如同時常耳聞教授對研究生、主編劇對編劇助理、劇團導演對演員「頤指氣使」的消息，這並不陌生。在這樣的文化下，拖欠工資和加班勞動被以「熱情 pay」[18]的名義合理化，原本是煤氣燈操縱（gaslighting），搖身一變化爲教育。

18 譯注：這個詞用以諷刺雇用者以熱情作爲藉口，給予雇員較低工資、不支薪或是不給予加班費等剝削行爲。

巫俗信仰界也存在企圖改變現有不合理文化的人。據我所知，一位老師原本以巫女爲職，現在製作關於周易與塔羅的定期教育計畫，開啟學習的機會。正與老師一起經營社會企業的朋友告訴我：「灰心喪志的巫女，會陷入職業危機，只能說謊欺騙，或者被排擠到更惡劣的環境。我想爲這樣的人提供學習的機會。」也有巫女會向早早離開神師父而未能學習跳神巫儀的巫女，定期提供跳神巫儀教育。任何想學的人都可以在那裡學。未經一對一師徒式教育的巫女也越來越多。

當然，過去也曾經存在未接受一對一師徒式教育，直接占卜跳神的巫女。所以有的巫女說，未必一定要接受神師父的教導。也就是說，天眼一開，自然就會。因爲看世界與事物的眼光發生變化，自然會在日常生活中祈禱，即使不會學習跳神巫儀的步驟，自然也能擺出舞姿，就算不熟悉算命的方法，也自動會口出神託（有的巫女說這類巫女是靈驗的，有的巫女說唯有好好接受指導，才能成爲好巫女）。

不只是蘋，我也經常耳聞神師父派弟子跑腿的事。指派神弟子照料家務而自己去祈禱場，或者以見客爲由不顧家事的情形也很常見。我的所在之處就是神堂，我走的路就是朝聖之路，對於如此不顧珍貴神堂的巫女來說，祈禱又有何意義？使喚他人勞動，說成教育就可以了嗎？

我希望，朋友蘋和桃能夠拿到被拖欠的工資；自己的工作是勞動這一點，能夠獲得社會認可。我想看到蘋和桃神采奕奕的表情。

# 媒體上看到的巫女

## 作法詛咒的巫女

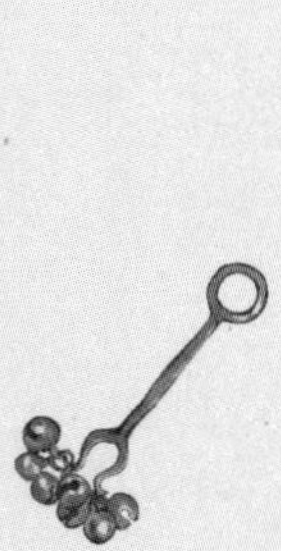

電影《哭聲》(곡성) 中出現對抗惡靈的男巫師（박수무당）[19]。男巫師穿著軍雄（군웅，曾經保家衛國的軍人、將軍等之靈魂）神服跳大神。他斬雞頭，祭桌供上牛頭。主持驅魔法會的巫師，臉上沾血，在烈焰熊熊之處用煞（살을 쓴다）。「煞」意指危害生物的「惡毒氣運」（독한 기운，鬼），而「用煞」意指以「煞」驅「煞」。

雖然眾所周知的「用煞」是一種「方法」，卻是巫女必須小心警戒的領域。肆意用煞是人的慾望，而非神靈之意。然而，媒體上經常出現用煞的巫女。電視劇《謗法》(방법) 中也曾有用煞的巫女登場。劇中登場的靈媒，使用欲詛咒之人的漢字名字，以及他用過

19 譯注：男巫師（박수무당）的原文漢字爲「博數巫堂」，博數爲「博士」或「卜師」等之轉音，相較於巫女，韓國男巫師的數量很少，且在作法時要穿女裝。

的物品，用煞成功。

與電影、電視劇不同的是，用煞者會有九九・九%遭遇逆煞（역살）。所謂逆煞，就是煞氣返回用煞的人身上。偶爾，有人向我諮詢方法，問我能不能詛咒某人。此時，我會告訴他：「即使我堅持不施煞，您也正在施煞。如果懷著討厭某人的心，不僅煞向被討厭的對方，煞也會返回到您身上。」我向客人強調不厭惡任何人的寬恕之心，理由正是在此。

## 被惡靈纏身的少女

在許多靈異電影中，小女孩和少女的角色是被惡靈纏身的存在。不僅韓國電影《黑祭司》（검은 사제들）、《娑婆訶》（사바하），連《大法師》（*The Exorcist*）等海外靈異電影裡頭，小女孩都經常被刻畫爲不敵惡靈的脆弱存在。被惡靈附身的少女「不

像個少女似的」，口吐對性毫無顧忌的話語，以類似性體位的動作扭動身體，不計形象地大吃大喝。電影《哭聲》中，男主角的小女兒以被惡靈纏身的模樣登場，男主角為了救女兒一命，請男巫師來做驅魔祭。

然而，過去在巫俗信仰中，並不將這些少女視為惡靈，反而會說她們得了神病、她們是將成為巫女的孩子，為少女安排歡快的跳神儀式。採取的不是區分善惡的方式，不是將看似惡靈、「淫亂」或像瘋女人般的少女認定為出毛病有待修理，而是協助少女成為擁抱任何陰影、能夠療癒人們的巫女。但遺憾的是，許多靈異片的觀點僅止於將小女孩視為不敵惡靈的脆弱存在。在有巫俗信仰出現的靈異電影中亦然。

反觀電影《娑婆訶》，片中提出什麼是善、什麼是惡的問題。

原本是毛茸茸惡靈形象的少女和神模樣的男人登場，在電影結尾，神模樣的男人以惡靈的臉死去，惡靈形象的少女以神的臉死去。看似惡靈的毛茸茸少女，變成有如擁抱世人的耶穌形象。不過，最終那名少女也被描繪成無法延續生命而死的犧牲者。

電影《沉默之丘》（*Silent Hill*）中也出現化爲惡靈的少女故事。這是唯一一部立體呈現少女故事的靈異電影。少女在學校遭受排擠和性暴力，又被村民們以淫亂骯髒爲由的歧視所迫，成爲懷恨在心的惡靈。最終，在少女的詛咒下，村民全部死亡，少女與媽媽一起在非現世又非陰間之地流浪。

巫俗信仰沒有明確的善惡。雖然有名爲「虛主」（허주）的雜鬼（잡귀신），但其存在也只是懷恨在心的魂。要驅趕該存在，我們可以揮刀，也可以放火或斬雞頭施煞。不過，這個方法不是全部，也不能是全部。

水往低處流。我們稱之爲惡的能量亦然。所以，處於易受歧視、存在被抹去之境的少女，經常以遭惡靈折磨的角色登場。他們需要的不是驅魔儀式，而是不用喊得要死要活也會側耳傾聽她們說話的社會。

## 隱身的巫女

電影《哭聲》中，無名（무명）一角展現了隱身在後的巫女故事。「奶奶曾經這樣說過。」無名將奶奶的話語以神託方式告訴男主角，但被當作是瘋女人所言而遭到無視。無名在村裡被視爲感情用事的迷信女人。但是，無名沒有做宰殺動物施煞的打殺祭（타살굿），而是吊植物設捉鬼陷阱的村莊守護者。每次人們不相信她的話，植物就會發黑枯萎。任何人都不相信她的話。連男主角也懷疑她，電影遂以悲劇告終。

《哭聲》這部電影，呈現了因爲是「瘋女人」所以無論說什麼都得不到力量，還有即使說出眞相也會被當成瘋話的可怕現實。沒有名字的「無名」，是浪處村子邊郊而遭人蔑視，卻依然悄悄守護村莊的巫女。

## 現代版巫女

Netflix 電視劇《非常校護檔案》（보건교사 안은영）改編自作家鄭世朗（정세랑）的原著小說，劇中展現了現代巫女的面貌。女主角安恩英的神堂位於學校保健室儲物櫃內。儲物櫃裡聚集了耶穌的十字架、來自埃及的安卡（Ankh）十字架、日本貓和韓國的河回面具、美洲原住民的捕夢網（dreamcatcher）、巫俗信仰的彩色護身符、五色鈴鐺、明斗（명도）[20] 和串珠、佛教的蓮花和佛祖像等幾乎各種宗教的神物。我是喜歡形形色色宗教神祉的「炒碼麵巫

女」，看到這些神物，不禁莞爾。這正是我想設立的神堂面貌。所有宗教的神物中都蘊含著魂，祈願者的心會讓神物變得靈驗。

安恩英用玩具劍和BB槍取代巫女的鈴鐺，將建築物各個角落的強大陰氣（果凍）一一淨化。她撫慰因職業傷害而死亡的朋友冤魂，努力拯救要一直吃疥蟎才能續命的朋友。儘管如此，她還是得要餬口，所以她一邊工作，一邊暗中戰鬥，吃了不少苦。看著安恩英堅定守護自己感受的眞實而活著，腦中就浮現書寫己身故事的女性作家們。安恩英才是我認爲的現代版巫女形象。

20 譯注：明斗（명도）是一種巫具，用黃銅製成的圓鏡，被視爲神之面，上面畫有日、月、北斗七星，通常掛在神壇牆面巫神圖的上方，或掛在巫女的短上衣上。

# 第三章

# 請告訴我，你的故事

# 傾聽人們說話的巫女

客人走進算命館，還沒坐定，巫女便抬起眼睛，滔滔不絕地講述客人的故事。客人癱坐在位子上滿臉驚訝，淚流滿面。命理諮詢於焉展開。

巫女在媒體上登場時，這是常見的經典形象。單憑第一印象，就能把握一切，連珠炮般隨興說出來。巫女真的只要聽到客人的腳步聲就能知曉一切嗎？以我的經驗，有時如此，有時則不然。

有人能一下子猜出我自己也不太明白的內心，我會備感安慰。巫女也被期待扮演這樣的角色。許多客人正是期待這樣的「正確答案」而來。然而，就算被認爲無趣，我好奇的是他們的故事。客人們第一次遇到傾聽自己故事的我，不免覺得尷尬而扭扭捏捏，但在某個瞬間，他們開始吐露自己的內心故事。

我會一面算命，一面聆聽客人說話，從這方面說明，再從那方面解釋，同時詢問客人的想法。這過程是在賦予客人自身命運的解釋權。原因在於，當人認爲命運已定時，就會變得確定，認爲未定時，就不會確定。許多客人自己已經知道答案，卻需要自我確認，所以才上算命館。而我的角色，就是協助他們掏出內心的答案。因此，我覺得巫女的角色與知心好友沒有太大差別。

不久前，我上了Podcast節目《不婚世界》（비혼세）。《不婚世界》是收集不婚女性故事的談話性節目，爲迎接一周年，決定與巫女（我）合錄特輯節目。這場訪談將回答對於巫女的種種好奇，也會幫三位主持人算新年運勢。錄音前一天，我讀了又讀事先收到的訪綱。光讀還不夠，我把回答也預先寫下來，列印後再讀，反覆推敲。我一邊大聲唸出擬答，一邊錄音。在前往工作室的路上，聽著我的錄音，反覆琢磨要回答的內容。

話一旦說出就無法收回。我害怕我的話。擔心有人因我的無心之語而感到疏離，擔心是否用到排除某人的語言，所以一再檢查修改自己的語言。我說的話，類似反覆推敲的寫作過程。像在寫表達心意的信一樣，事先想好要與人聊什麼，然後記下來。我不是能夠即興演出的超能力者，我是會練習準備的巫女。

我稍微提早抵達，在工作室裡點香。這是與人見面之前，最後沉澱內心的過程。在滿室飄著檀香的工作室裡，開始錄音。三人向我提問，我按照練習回答。根據預先準備的回答，得以流暢說出略為不同的版本。這是練習的結果。

燕問我：「不知道爲什麼，感覺巫女能夠看穿一切，在日常生活裡，人們可能會覺得不舒服。好像自己狼狽的內心被看透，好像前一天做了什麼都會被發現。實際情形是如何？」我回答道：「妳說得像是有人前一天自慰也全都知道一樣可怕。沒有那樣的事。生活裡隨時在解讀其他人是很無趣的。雖然追隨者可能增加，但應該會沒有朋友吧？」

接下來燕問道：「八字、塔羅、神占……我該相信到什麼程度？」我回答，只要相信想相信的就好。從這個問題，可以談我在面對客人時一直抱持的想法。「比起給出答案，我更喜歡幫他自己說出心裡話。有時候，正確答案是必要的。比如，遭遇約會暴力，這時我會強烈要求分手。如果不是這類例外情況，我不會隨意斷定客人的命運。解釋命運擁有很大的權力。所以我很小心。必須要小心。」

接著是新年運勢時間，我一面望著燕、菊、梅，一面攤開八字占卜。一一對視後，開始集中精神。我以任何人都不會感到疏離的話語，親自解說每個人的命運，在那段時間裡，我們的愉快地對話。不知不覺中，在巫女與客人的關係之上，我們已成爲好朋友。回家路上，彼此分享時的歡快笑聲一直留在心坎，我笑顏逐開。果然，幸好事先寫了擬答。

# 結不了婚的八字？

「妳會離婚三次。妳會打老公。妳得收一下脾氣。」

這是十年前偶然在八字咖啡館聽到的話。雖然當時沒有結婚的念頭，但我真的爲這樣的八字感到苦惱。十年後的今天，我非但沒有離婚三次，還一次婚也沒結。

遇見一名四柱八字命理學家時，我還聽到這樣的話。那是針對命理學深入對話交流的場合。他向我說：「是男人一樣的八字啊。儘管如此，女人還是像豆腐和雞蛋一樣軟弱，所以男人要好好對待。」看得到（或自豪看得到）他人內心與未來的命理學家，竟然未能跳脫男女二分法的世界，實在很可笑。

我在諮詢中了解到，許多客人，尤其是女性，曾因充滿偏見的八字解說和無禮的話語而畏縮。諮詢通常會期待「聽到」某些話而接受諮詢，所以每一位諮詢師都有其權力，但命理諮詢師有特別強的權力。不管神託多麼明確，都得小心脫口說出的話，可能會如字面改變客人的命運。當提供諮詢的人不負責任，沒能善用他與神靈溝通的能力、看到命運的能力時，客人可能會內心受傷地離開。因此，出言必須更小心謹慎，然而，我常常看到許多討論命運的人用現有世界的成見和認識框架，偏頗地解釋他人的生活。這樣做是把一個人的命運困在狹小的見識裡，把自我認識的侷限誤以爲是他人生活的侷限。

「我眞的是只能離婚的八字嗎？人家說我是結不了婚的八字。」來找我的一名客人問道。

承喜　我以前算命時，也常聽說我是離婚三次的八字。因為我的八字裡有三個傷官格。傷官，按照字面是傷害官的意思。官意指組織或所屬。如果男人有官運進來，會視為升職運、就業運等，而在父權家長制下，認為女人屬於丈夫。因此，如果以父權家長制的偏見字面解釋傷官格，會認為女性的傷官是離婚數。所以，過去說女人八字有傷官會「吃掉丈夫」，嫁都嫁不出去。但是，男人有傷官格的話，會解釋成男人擁有以正義活動反抗既有規則且開創新局的能力。我覺得，相同的氣運也適用於女性。

客人　原來如此。而且，我去算八字的時候，經常聽說我的子女運強。但是，我不想結婚，也不想生孩子。為什麼會聽到這樣的解釋呢？

客人的八字裡有食神格。這個命格代表口福，也意味著像純藝術一樣嶄露創意表現的氣運。不過，如果女人有這個命格，常有解釋爲子女運的傾向，沒有生育想法的客人會聽到子女運強的原因在此。男人的八字有食神的話，會解釋爲可以安心吃喝玩樂與表達的氣運。不過，我還是不分性別，都以後者解釋。這位客人的八字裡，食神相當多。聽了我的解釋，客人說道：

客人　解釋空間這麼廣，但我好像只聽過一種解釋。

承喜　沒錯。很多命理諮詢師是這樣解釋的。因為是用過去的思考方式，所以解釋帶有偏見。您可以從藝術方面來解釋食神。您已經在做這樣的工作。

客人謝謝我爲她重新詮釋她的命運，然後就回去了。卽使不是命理諮詢，以成見解釋煩惱的情形也很常見。朋友因憂鬱症和恐慌障礙，接受精神科諮詢時，聽到這樣的話：「妳結婚的話，一切都會好起來。」嚮往不婚的朋友很慌張，向我抱怨。竟然沒有認眞聆聽她的煩惱，沒頭沒腦就要她結婚。某位朋友沒上大學，去精神科接受諮詢時，聽到這樣的話：「上大學吧。那樣一切都會好起來。」

只要結婚、只要上大學，一切都會好起來，醫生之言與我遇到的命理學家之言沒有什麼不同。用成見提供諮詢很輕鬆方便。因爲感覺邏輯上沒有矛盾。但是，對於生活不明朗的立體存在而言，需要的不是基於成見的答覆，而是可以多元解釋煩惱的想像力。

就像所有語言一樣，命理學也有被疏離的存在，就像所有解釋一樣，命理學也是解釋的鬥爭。不追求一對一獨占戀愛、結婚、生育的人，眞實性別身分非順性別[21]、異性戀以外的各種性傾向者等，這些未遵循或無法遵循所謂「正常」標準的人，在命理學上也很容易被邊緣化。這些遭受疏離和被排擠的人們，有時覺得煩就親自學習命理學。我也是這樣。

很多人問，命運是否可以改變。命運，通稱的八字，眞的是注定的嗎？八字命理是符號，可以有無窮的解釋。因此，我認爲命運的八字不會改變，但可能會無限變奏。命運意指運轉生命。卽使是同樣的四柱八字，根據個人意志、產生周圍偏見與成見的教育、與周邊環境的日常互動，變奏方式會有所不同。當然，只有周圍的環境與世界變好，命運才會好轉。

命理學不是將每個人的生活變成神話的迷信，而是近似於拆解固定語言，用不同方式詮釋生活的實踐。爲了不破壞生活的無限性，經常要拋棄成見。命運不是一條狹窄的單行道。縱使有顯而易見的觀念，沒有顯而易見的人生。

21 譯注：順性別代表出生性別、生理性別與心理性別一致相同者。

# 我必須成爲巫女嗎？

當初我拿不出二千五百萬韓元而無法接受降神儀式時，我以爲自己當不了巫女。後來，一年之後，我不用一分錢接受了降神儀式。多虧遇到現在的神師父。如果我當時接受耗資二千五百萬韓元的降神儀式，會怎麼樣呢？可以肯定的是，降神儀式的費用愈多，「神力」（신빨）不會變好。

我的神師父沒有接受降神儀式就成爲了巫女。每個人開天眼的速度與時間不一，也有人時間到了，天眼就自動開啟。但是，開天眼之後，並非立刻就會成爲無所不能的巫女。從那時起，需要透過虔誠的祈禱和修行，形成神觀（對神靈的獨有觀點和體系），自己悟出與神靈溝通的方法。

舉行入門降神儀式後也是如此。接受降神儀式不是結束，而是開始。就像普通上班族就職後繼續學習、運動、自我開發一樣，巫女也在成爲巫女後開始祈禱、整頓生活、鍛鍊自己。

每個巫女提出的降神儀式費用都不一樣。聽說，即使巫女沒有要求，也有手頭寬裕的人像教會十一奉獻一樣，欣然捐出一億多韓元。有人解釋說，在這種情況下，金錢作爲一種信任的能量運作，將會提高接神的機會。

但是，來到神堂的人，很多沒有穩定的職業或基礎。有些巫女一看到憂鬱受苦的人，就以援助爲藉口索要錢財。如果沒有錢，就擺明不可能救人。

曾有想接受降神儀式的客人來向我諮詢。客人去算命時，聽說若不接

受降神儀式就會出大事，所以來諮詢煩惱。他說他最煩惱的一點是，進行藝術作業時，他總是會看到鬼。我幫他占卜，判斷認為他未必得接受降神儀式。因為他已經透過寫作、跳舞作業來消解自己的神興（신명）。我對客人說：

「客人未必非得接受降神儀式不可，透過其他方式，也可以消解神興。就像在派對上跳舞通宵舒解壓力一樣，跳神法會藉由接神來消解神興。所以不用花大錢也有辦法解決。像客人的情況，去附近的精神科領藥也會有幫助。聆聽喜愛的音樂時，我們會體驗到恍惚之境。請像那樣常聽讓心跳撲通撲通的音樂。請經常做自己喜歡的事。還有一個好方法是寫作。寫作時可以看到自己的無意識。這也是與自己的神興溝通的過程。只要這樣，你會心緒安定，運氣也會變好。雖然聽起來很理所當然，但事實本來就很單純。如果做了各種努力還是不行，老是見鬼又心緒混亂的話，那時候再來找我吧。」

客人道謝後返回，之後我聽說客人每天像跳舞般快樂生活。當然，有時候吃藥控制、聽音樂、開心生活，卻依然沒有好起來。由於不合邏輯的起起落落，有時也會很辛苦。儘管做了各種活動，還是有感到混亂、心神不寧的情況。

不管怎麼做都行不通，覺得別無他途時，可以接受降神儀式。接受降神儀式的入門者，得以積極重組過去，成爲自己痛苦的主人繼續活下去。如果自己備感艱辛的理由不是我做錯了、不是我誤入歧途，而接受那是神的旨意和命運，就能以不同的方式詮釋與重組自己經歷的痛苦，創造自己專屬的新故事。

若有這樣的客人，我會一個月與客人溝通一次，準備降神儀式。訂下降神法會的表演日期，安排場所。準備降神儀式的過程，就是在策畫屬於他的神興演出。而我，則是協助公開表演的文化企畫者。

我相信，透過降神儀式這個象徵性的通過儀禮（통과의례）[22] 可以改

22 譯注：「通過儀禮」意指人生的關鍵儀式，代表人從生命中的一個階段進入另一階段的過程。

運，而且如果能夠感受到在這廣闊的世界上有人爲我費心準備舞台的事實，就能迎來稍有不同的來日。在那舞台上，沒錢的人、生病的人，全都可以成爲主角。我想繼續舉辦這類樸素的慶宴。

# 吃炸醬麵，還是炒碼麵？

來看新年運勢的客人問我：

客人　我想買一張書桌。要買圓形的，還是方形的？

承喜　方桌感覺比較穩。不過，為什麼問書桌的形狀？

客人　我喜歡方桌，但有時候也會說喜歡圓桌。

承喜　不管哪一種都沒太大關係。最重要的是您覺得舒適。

客人　我……那麼原木書桌好呢？還是黑色鐵製好？

我在諮詢時笑了。客人們在做決定前，會來算命館徵求我的意見。但詢問桌子形狀或材質的客人，還是頭一遭。過去曾在某個喜劇節目中，看過一齣「未來備受矚目的職業」短劇，裡頭有一個職業是幫忙有選擇困難的人代爲選擇，幫煩惱著要吃炒碼麵還是炸醬麵的人代爲選擇「炒碼麵」的決定師。我在諮詢時，偶爾會想自己是不是這樣的決定師。

前來諮詢戀愛運的一位客人如此問道：

客人　去相親穿白色衣服好，還是黑色衣服好？

承喜　白色更適合您。

客人　這樣啊。那麼約會時，我適合去咖啡館，還是去餐廳？

承喜　如果約在吃飯時間見面，去餐廳比較好，如果簡單在午茶時間見面的話，去咖啡館比較好，對吧？（尷尬的笑容）

客人繼續提問：

客人　我想搬家，六月搬還是七月搬好呢？

承喜　六月或七月沒有太大差別。什麼時候搬都可以。

客人　那麼……我住幾樓好呢？高層好，還是低層好。

承喜　條件允許的話，接近天空的高層似乎比較好。

客人　這樣啊。其實我在考慮要住六樓還是十樓。哪裡好呢？

承喜　感覺十樓比較好，不過……

客人　好，謝謝您。可以再向您請教一件事嗎？我是適合早睡早起型的人，還是晚睡晚起型的人？

客人如此持續有關日常選擇的提問。結束商談後，我真的深深覺得自己成了決定師。

有選擇困難的客人們，拿著各自的選擇題來找我。詢問書桌形狀的客人也是有自己的迫切需求，所以來問我什麼形狀比較好。我不是無法理解那些客人的態度。做出重要選擇之前，我也會祈禱，等待做出好決定的訊息。

事事都依賴的人，不是意志薄弱或可笑的人。無論是誰，只要對任何事情產生迫切感，都會本能地尋找更好的答案。可能一整天攤開塔羅牌多次，也可能提著煩惱，到處徵求意見。

然而，任何瞬間都是選擇的延續。沒有什麼不是選擇。讀不讀這篇文章是一種選擇，買不買這本書也是一種選擇。我寫不寫這篇文章，也是選擇。如果每次選擇的瞬間都懷疑自己的決定，人生也許眞的會疲憊不堪。

想要做好選擇的心情，來自於相信人生有正確答案、相信有更好的選擇。我反而會對這類客人說，「命運」是存在的，一切都會按照命運走，所以建議順著命運選擇，不要後悔。

最近有一次搭計程車，計程車司機用佛祖般的和藹表情對我說：「你是世界的主角。」我被突如其來的話嚇到了，但心情很好。帶著佛祖微笑的計程車司機繼續說：「人生是選擇的延續。只要節制日常生活，保持最佳狀態，就能做出每一瞬間的最佳抉擇。這樣就可以了。」他稱讚我不與朋友們玩到深夜，在傍晚黃昏就回家，做出了最佳選擇。我點點頭，向他致謝。是啊，只要專注於當下，保持最佳狀態就好了。

不過，現在要決定是否把這篇文章寄給編輯，我該怎麼做呢？不管怎樣，還是得問問家人。

# 巫女不算命時

「要和他分手嗎？」

許多客人拿著這道問題來算命。一位客人正在考慮要不要與交往三年的男友分手，所以來找我。客人容光煥發，但是看似有些悲傷。臉上的光芒時亮時暗，閃呀閃的。客人像自由工作者一樣，從事個人藝術工作，是個小心謹慎、深思熟慮的人。

我問客人與男朋友之間有何難處，要考慮分手。客人的男友用她賺的錢生活，對於自己的處境感到自卑，進而要求更多的愛情。察覺到這種情形的客人，向男友說她感受到他的自卑感，心裡覺得不舒服，男友就粗口罵人。客人坦言，她數年來一直飽受語言暴力折磨，但男友還不曾打過自己，客人也覺得自己有錯，所以未能分手。

我說：「語言暴力也是暴力。」客人說：「是的，我知道。所以對於自己沒辦法分手，我感到很羞愧。」我以堅定的口氣回答客人：「約會暴力是暴力，不是愛情。您也很清楚。這不需要算命，分手就對了。」習慣暴力的話，聽到惡言也會認爲是自己應得。這叫「煤氣燈效應」。即使想要分手，也會懷疑自己是不是很奇怪，所以再度與對方見面。遭遇煤氣燈操縱的人，很難遠離對方。「即便如此，他人好的時候很好……他是最了解我的人……我也有做錯的地方……」這樣說的同時，愈來愈難斷絕關係。

雖然客人說會分開，但像很多人一樣，可以預想她很難輕易分手。

就算客人分不了，也不是客人的不對。很多煤氣燈效應的受害者，爲無法分手而受到指責。積累下來會形成羞愧感，開始斷絕其他社會關係。所以我向客人補充說道：「分手很難，但還是盡量試試看，卽使分不了，隨時都可以再來找我。」客人表示明白，也下決心要分手，然後就回去了。希望客人千萬別適應暴力，能夠衝出目前的處境。祈禱盼望客人得以平安分手。

如果看約會暴力加害者的八字，沒有什麼特別的問題。「暴力丈夫」、「暴力男友」的八字沒有固定形式。問題是容易變得暴力的關係。在一對一異性戀壟斷的關係中，暴力很容易發生。「你是我的」，這種意識會讓人誤以爲執著與拘束是理所當然的愛情方式。在這樣的文化下，巫女也沒能跳脫。聽說許多巫女是蒙受丈夫的情緒、身體虐待而接受降神儀式。卽使成爲巫女，也有遭遇煤氣燈操縱的情況。我也曾經歷約會暴力。

很多客人是在遭遇暴力的情況下來找我。遇上只見過一次面就找來家門口纏著求見的男人而受到驚嚇的客人，雖然丈夫常常無法控制憤怒、亂扔東西，但覺得他很可憐而在考慮要不要離婚的客人……「應該怎麼做？」「爲什麼他這樣對我？是前世有什麼因緣嗎……還是我的八字注定會遇上這種人？我聽說過自己沒有男人運……！」客人每次都會問類似的問題。很多女性在親密關係中感到悶悶不樂而上算命館。在這種情況下，最不負責任、最簡單的處方是診斷爲「女人的八字太凶」，這是完美的誤診。「爲什麼遇上這樣的男人、沒有看男人的眼光、爲什麼像個笨蛋一樣不分手」，遭到指指點點的約會暴力被害者，如果連巫女都歸咎於她，這些人會完全失去依靠。「因爲我的八字太凶」，她們可能會把遇到這樣的人歸咎於自己，萬念俱灰之下，只能無力地繼續維持關係。

我對客人說：「您遭遇的事情不是小插曲，而是暴力。您應該要去警察局，而不是算命館。不需要占卜是否得分手，而是立刻要分手的狀況。而且，遭受暴力不是您的錯，千萬別自責。」

客人再次聯繫，已是三個月後。她向我傾訴，諮詢之後，她還是一直沒能分手。不過，不久前，她得知男友正在出軌其他女人的事實。她說她好像已經神智清醒，現在下決心分手。

客人性格剛毅，想做的事也很明確。我向她說道：「您是不受任何人拘束的人。即使沒有與人戀愛或結婚也自帶光芒。請無畏地發光吧。」

# 鉢里公主故事

鉢里（바리）出生時是第七個女兒。王族父母生的六個孩子都是女兒，知道老七也是女兒就把她丟棄。棄女鉢里（바리데기）意指「被拋棄的孩子」。被遺棄的鉢里十五歲時，父母罹病。陰間之門有能夠治好父母病的藥，但那是只有死人才能去的地方，所以沒有人願意去。父母找到鉢里，請她取來能治己病的藥。

鉢里去西天西域國取藥。鉢里一抵達陰間之門，那裡的武僧說，要取藥，得先與他生孩子和一起生活。按照他的條件，鉢里在陰間度過九年。三年砍柴，三年挑水，三年燒火。生下七個兒子又辛苦勞動的鉢里，帶著藥回到現世。在這段期間，父母已經死了，但吃了鉢里帶來的藥，他們又重獲生命。雖然父母讓鉢里回到王國，但鉢里說想要幫助找不到路的靈魂而離開那裡。

鉢里拋棄塵世王位，回到非活非死的陰陽橋。在陰間路的三叉路口，指引迷路的靈魂。許多巫女誠心祈禱的對象，就是最初的巫女、巫女的祖先鉢里公主。薦度死者靈魂（爲死者靈魂上天祝願的工作）的鉢里公主故事，後來傳承爲指路鬼祭（지노귀굿）、洗身祭（씻김굿）之類薦度死者靈魂的死靈祭（사령제）。

在姊姊和我出生的一九八八年和一九九〇年，女嬰墮胎的情形很多。

理由是戊辰年生、庚午年生的女子八字很凶。女孩們就那樣消失了。姐姐和我當時出生，活了下來。但，因爲是女孩而被拋棄的事，在現今時代也依然發生。

不久前，在寺院周圍散步時，聽到路過的人說：「一直都是女兒，老四才生兒子」、「人生逆轉了」、「沒錯」。聽了路人說的話，我弄不清究竟這裡是二十一世紀，還是鉢里出生的那個時代。直到現在，只因爲是女性而遭拋棄、殺害、排擠的人依然存在。

我出生時是四公斤的健康寶寶。媽媽原本預料，在肚子裡用腳猛踢的我會是兒子。「老虎領我到樹林裡。沿著路穿過草叢，那裡放著五條綠色辣椒。所以，我當然會以爲妳是兒子！」媽媽經常這樣訴說我的胎夢。五條辣椒，怪不得以爲是兒子。媽媽說，生下我後，在婦產科看到奶奶一臉失望：「以爲生兒子的奶奶跑來，知道是女兒後很失望，連排骨都吃不下。」她決定是兒子的話，要吃排骨，但我是女兒，所以吃不下排骨。

小時候，我不穿女孩子穿的粉紅色衣裳，而是穿男孩子穿的藍色衣服。姊姊是女兒，我又是女兒，所以我知道在家裡行為舉止像個小兒子，才會得到疼愛。覺得身為女生很煩，是從進入中學開始。必須穿上不想穿的校裙，月經開始後，又聽到要顧好身體的嘮叨，感覺好煩。

世界上所謂的「成功」故事，都附加了「男性」的條件。童話書如此，偉人傳、宗教經典也是如此。女性想要成功，必須成為「賢妻良母」。望著生下聖子的聖母、教化傻子丈夫登上王位的平岡公主（평강공주）、為了父親而投身於印堂水（인당수）的沈清（심청），最終身為女性的我煩惱自己是否該做個乖女兒、好妻子、好母親。不過，遵循現有社會規範，在競爭中獨活的方式，我還是不喜歡。

我初次知道鉢里公主是在中學時。教科書中，鉢里公主對父母的「孝心」獲得稱讚。我依稀記得書中說是「超越死亡的孝心」。因為孝心，與陌生男人生下七個兒子，受苦九年。鉢里的模樣像看恐怖電影，令人覺得驚悚又渾身不自在。不過，放棄父母勸誘的王族位子，獨自赴陰間的結局，讓人耳目一新。看鉢里拋棄身爲聽話女兒、妻子、母親的女性之位，乃至「成功」之位，可以想像她的新境地。

接受神師父的降神儀式時，再次聽到巫俗信仰中流傳下來的鉢里公主故事。看著重逢的鉢里公主，悲傷湧上心頭。因爲活下來的棄女鉢里走到陰間的旅程，與這個世界上衆多疏離存在的旅程很相似。

我的神師父，原本是與幼女和丈夫一起生活的平凡主婦。在女兒重病的日子，她獨自看護女兒，聽說丈夫外遇的消息，她大受打擊，當場暈倒。神師父在鬼門關徘徊了好幾天。當時，她沒有一根可以抓住的稻草。後來，她喊著神靈的名字，自己睜開眼睛。從此以後，神師父成了巫女。她說，似乎除此之外無事可做，所以她成爲巫女。

巫女的降神儀式現場，時常是一片淚海。曾經受傷又遭排擠在外的我，過往處境像走馬燈般飛逝腦海。猶如一吐憾恨，我癱坐地上飆淚，然後又站起來上下蹦跳。鉢里曾說過要留在被遺棄者的地方。憑著站在天地之間、陰陽之間的意志，我蹦蹦跳跳，這時鉢里公主以神靈之姿，陪伴著另一個過去的我。

遭排擠在外的人，凝視著越過陰陽界限的悲慘卻廣闊的世界。有的祈禱是只有凝視著那個世界的人才能做的。就像站在外面才能從後方擁抱一切，處於生死界限，才能祈禱擁抱生命的悲慘苦痛。鉢里公主故事送給遭疏離、被拋棄的現代鉢里們新的境地，以及創造嶄新結局的慰勞和勇氣。

# 你的童女想要什麼？

我有相伴的神靈。算命時，大神奶奶穿著黃裙紅襖陪我。畫符時，文殊道士穿著天藍色道袍，陪在我的身邊。龍王大神有一雙在海天邊界洞察萬物道理的眼睛。有祂陪伴，我可以快速理解普世眞理，流暢寫作，準確說話。軍雄神將是保家衛國的將軍，以軍人形象廣爲人知，祂好打抱不平，將改革全世界的意志付諸實踐，在反對腐敗權力的集會現場，祂穿著黑衣陪伴我。麻姑奶奶經常在我身旁，我起床和睡覺祈禱時，祂都會以寬闊胸懷傾聽任何祈禱。只要向麻姑奶奶祈禱，心情就會變得開闊平靜。

每個巫女侍奉的神靈都不一樣。有的巫女只侍奉一個神靈，有的巫女侍奉衆多神靈。有時會到某個時期，再供奉新的神靈。衆神靈之所以與我在一起，並非因爲我是名爲巫女的特別存在。神靈潛在我們所有人身旁。只是大家還沒有喚出其名而已。巫女是與有名字的各個神靈溝通，使現實世界產生變化的人。

若看電影《致命ＩＤ》（*Identity*），可以察覺各種神靈的形象。主角化身爲老奶奶、老爺爺、不同性別的存在與小孩子。主角的多重化身看似接神巫女的模樣。當然，電影中的主角無法控制神靈的力量，這一點與巫女不同。即使不以電影爲例，自我認同也會根據見到誰而有各式各樣的變化。遇到某個朋友會變得像開朗的孩子一樣，遇到另一個朋友會變成醜腆的老奶奶。所有人都隱藏著多樣面貌。

童女是陪伴我的神靈之一。童女的力量嶄露在戀愛運的占卜。告訴我前任出軌事實的也是童女。童女，很會察言觀色的九歲女孩。爲了祂，我買了一個五彩鈴鐺，單手大小的一只小鈴鐺。銀柱上掛有綠、紫、藍、紅、粉紅、金、銀各種顏色的鈴鐺，一搖就能聽到孩子們的笑聲。童女會在笑聲中給予神託。

童女來到身邊，是我在印度跳日本舞踏，突然經歷迷離狀態的時候。童女用娃娃音向人們說：「我沒有瘋。不要走。」滿腹委屈的九歲女孩。童女的模樣與我九歲時很像。不想和媽媽分開就哭嚷著不去學校的我，在學校一直望著窗外而挨罵的我。

不久前，我與童女一起開始一項嗜好，就是彈鋼琴。我九歲時，學很多東西都半途而廢。彈鋼琴、騎腳踏車是代表性的例子。我學了三本《拜

爾鋼琴教本》。九歲人生，根本覺得生活無趣的我，對鋼琴也立刻失去興致。沒辦法雙手同時彈鋼琴，從此不再上鋼琴課，後來就不曾坐在鋼琴前。但年過三十的我，重新坐到鋼琴前。琴鍵一敲，九歲的記憶像電影一樣在腦中浮現。我想起當時九歲的我，去鋼琴學院做音符作業，又突然丟下書包去鋼琴練習室，不耐煩地彈出《學校鐘聲噹噹噹》（학교종이 땡땡땡），用小小手指按著琴鍵，心裡只想趕快回家。

最近，像學習新語言一樣，琴鍵與手指變得親近。鋼琴老師坐在身旁說明大調和小調的原理與鍵盤時，我感受到未曾有過的驚奇。像陰陽原理一樣的黑與白，像周易八卦一樣產生八度音的鋼琴鍵盤，神祕又陌生地迎到面前。看著樂譜慢慢按下琴鍵，同時感受到身旁陪伴我的九歲女孩。

現在，我用鋼琴彈奏大悲咒：「南無喝囉怛那哆囉夜耶。南無阿唎耶。婆盧羯帝爍鉢囉耶。……」彈完再喝杯熱可可。

我偶爾會爲了童女吃點心。童女最喜歡的瞬間就是吃到美味餅乾的時候。祂也喜歡熱水澡，洗澡時，我會像爲小孩子擦身體一樣，悉心擦拭我的身體。

與童女在一起的日常生活，甜蜜又快樂。一起吃餅乾、彈奏沒有學完的鋼琴、幫她洗熱水澡，童女在身旁，一天變得多彩多姿。遇到童女以後，我不再把照顧自己視爲次要的事。搞不好是童女在照顧我也說不定。我問童女：「下次想做什麼？騎還沒學完的腳踏車？還是依然害怕的球類運動？」

說不定每個人都有童女、童子陪伴。祂們在心理學上又稱「內在小孩」。所以，有時候祂們會以受傷的模樣出現，有時以「請照顧我」的要賴孩子臉孔出現，有時以機靈伶俐的孩子面貌出現。即使不認識內心的童女、童子，也要以照顧自己的心態，每天撥出三十分鐘珍愛自己的時間，如同向內心的神靈祈禱一樣。有的客人來的時候，童女在生氣或在哭。也有很多客人看起來像是在哭泣的童女、童子。我會向這些客人說：「請照顧自己。好好洗澡，想學的事情也盡情嘗試。像要祭祀般地精心準備料理。慢慢品嚐美味的餅乾。別鞭策自己。請像對待孩子一樣給予安慰，像照顧內在小孩一樣愛自己。」

# 我們面對凶卦的姿態

當時，我剛剛接受完降神儀式，開始算命。客人還沒來，我就覺得肩膀沉重，心情鬱悶，不禁暗忖今天是什麼樣的客人。客人抵達，一見到他的面容，我有一種不祥預感。客人說：「我不久要參加一場重要的考試，能夠通過嗎？」我說：「現在時機不佳，今年很難通過，明年較有勝算。」客人大失所望地說：「我爲這考試準備三年了，如果這次又落榜，實在太辛苦了。」我重新占卜。但，不管怎麼看，都沒看到今年會通過考試的跡象。反之，有占卦顯示，要小心健康可能出問題。

我考慮了一會兒，直言不諱：「客人，比起考運，您更要注意健康。現在您的肩膀沉重，頭昏腦脹，在這種狀態下，建議要持續不斷運動，慢慢準備考試。爲了劍指明年，請務必愉快地生活與學習。」客人表示明白，但還是會努力試試看。諮詢結束時，我說：「如果您好好調理健康，今年也有可能考上。體質有所改變，命運也會改變。雖然現在看不到及第的運勢，但未來可能會不一樣。」

幾個月後，客人聯繫我：「師父，雖然我抱著一絲希望，但結果還是落榜。因爲已經事先知道，心靈受到的打擊不大。我相信自己明年會通過，所以決定繼續認眞學習。謝謝您。」我告訴客人這段時間辛苦了，無論結果如何，別忘了學習像祈禱一樣，都在積德。

通常，凶卦意指考試不及格、身體病痛、找不到理想工作或與心愛的人分離的占卦。人們往往把在世事中不喜歡的離別、痛苦、忍耐時間解釋爲「凶」，但從更寬廣的觀點來看，這些時間可以是靈性祈禱的時間。因此，雖然有看似凶象的占卦，但並不存在凶險的、不好的人生旅程。

爲準備考試而用功學習的時間，就類似靈性祈禱的時間與氣場。學習是獨自探索眼睛看不見的概念，在外部刺激最小化的狀態下，投入時間專注自身，這與祈禱和冥想類似。所以很難說考試不合格就視爲凶卦。因爲就算不合格，準備期間也是透過學習的方式在積德。

身體病痛也是如此。在靈性深化的時期，身體經常會出現病痛，與其說這是凶卦，不如說是訊息。因此，如果出現健康問題的占卦，我會詢問神靈爲什麼健康出問題，然後以向客人解說理由的方式來算命。

與愛人離別的情形也一樣。雖然有時是緣分結束而分離，不過，面臨人生巨大變化時，因緣輪替的時期來臨，現有的緣分自然會離去。正如同葉子到了秋天就會落下，這個道理不會被視爲凶兆，只要想想因緣又將重新墳滿，離別自然不是凶卦。

「不會因爲在我面前，所以只說好話吧？」

許多客人在我解釋占辭時會這樣問。難道他們相信事無好事，唯有不幸的敍事才是眞相？看似不幸的東西，會不斷溢向周圍。我們生來就會病痛衰老，又活在充滿不確定性的世界裡，所以要預測不幸，猶如在地雷區找地雷一樣容易。然而，就算出現凶卦，也要在確定之後，小心謹愼地告訴客人。

如果傳達命運的人不加說明，而只告知占卜結果爲凶，客人就會感到驚慌。「那要戴護身符嗎？」「那得舉行跳神法會嗎？」一定會有諸如此類的提問。護身符或跳神法會要有效，客人必須相信其效果。聽說不幸而滿懷憂慮的客人，收到護身符後感到安心；如果相信舉行跳神法會能夠消災解厄，實際上就會擺脫厄運。既然如此，乾脆一開始就別讓客人將不幸銘刻在心，而是以充分解說不幸原因的方式來算命。

我對來算命的客人說：「能信多少就信多少」。如果去算命時出現凶卦，請牢記這句話。我只相信我想相信的。當然，如果出現凶卦，即使不想相信，也會持續在腦海浮現，免不了銘刻在心。如果相信凶事會發生在自己身上，往往眞的會出現吸引該情況的傾向。如果聽到凶卦後一直心裡怪怪的，又很難再去找算命師的話，建議用文字整理自己對於占卦的想法。以文字整理想法，這個做法就像學習一樣，也很類似祈禱或冥想，可以用以消解厄運。

不亂說凶卦，旣是爲了客人，其實也是爲了保護自己。原因在於，身爲巫女，我遇到的所有因緣和場面都是我的鏡子，客人的占卦也是我的占卦。如果忘記這一點，不負責任地說句「是凶卦」就結束諮詢，客人的厄運會原封不動地返回成爲我的厄運。也就是說，我會被自己說的話弄傷。

我遇到困難時，一定會有遭遇類似困難的客人來找我。幸虧有我經歷過的不幸，才能在內心深處聽見客人的不幸，一起尋找出路，我十分感謝。因此，對我來說，凶卦並不存在。

# 我們之間不是生辰八字注定的

百科全書中記載，合八字（궁합，韓文稱之爲宮合）是預測即將結婚的新人關係運勢的方法。但，不同於百科全書的說明，合八字不是只有即將結婚的人才可以看。一起工作的同事、一起生活的朋友也可以看。不僅異性之間，同性之間也可以看，不僅一對一，家人、朋友、事業夥伴之間也可以合八字。

合八字看的是關係的動態。關係有多和諧、關係會持續到什麼時候。知道對方的八字遇上我的八字會造成什麼樣的相剋相生，就能知道什麼部分要彼此讓步、什麼時候要小心衝突。

「聽說我們的八字很合，但我們卻一直吵架。」

一位來訪的客人向我說道。我攤開八字查看。正如客人所說，兩者八字沒有相剋。我問：「您們主要是爲什麼樣的事情吵架呢？」客人說：「對方不做家務，好像只有我一個人在付出。」原本在看八字的我，突然停下。

定義關係的不是八字合不合，而是繫於彼此不斷地相互扶持。不管八字多合，如果不努力進行溝通、負起責任關懷彼此、分擔家務等，關係必然會結束。

我的周圍也有一些八字本身不合，但經常關懷彼此的情侶。我向客人說：「比起八字合，更重要的是對彼此投注的努力。就算八字再合，一旦停止爲對方付出努力，緣分只會走向盡頭。當然，產生想要努力的意志也是八字相合的一部分。但目前看來，您們兩人中似乎只有一人爲對方付出努力。希望您們能彼此好好溝通。」

有的人則是聽到相反的話而來。

「我們八字不合，所以沒辦法結婚，眞的八字那麼不合嗎？」

占卜的結果是，彼此相剋的氣勢很強。但，合八字不是單純如此。關係相剋多就被無條件視爲八字不合，其實是片面的解釋。反而許多情形是，由於相剋而成爲能夠相互學習新東西的好伴侶。

我對客人說：「兩位正在相互學習許多東西。只要信任彼此、接受彼此就好。世界上不分好的八字配對或壞的八字配對。終究重要的是，不管八字合不合都不放棄彼此的意志和責任感。抱持這樣的心態，二位就能好好一起生活。這樣就是八字相合。我認爲，投入這種責任感和意志的關係，就能走下去。」

另一個爲愛情運傷腦筋的客人如此問道：

客人　我有交往中的朋友，我們又像朋友，又像戀人。我想和他繼續交往，之後他和我會變成什麼樣的關係呢？

承喜　繼續交往就好了。問題是什麼呢？

客人　我想知道我們會成為戀人，還是只是朋友。

雖然我認爲，兩人已經交往得很好，就沒有必要再看八字合不合，但如果是煩惱要如何定義這段關係，那又是另一個問題。煩惱愛情運的客人往往有類似的問題順序。他們會問，如果有喜歡的朋友，會不會與他成爲戀人。每當這個時候，我都很爲難。當朋友好還是當戀人好，合八字是看不出來的。

彼此感受到親密、熱情與責任的關係，有時是朋友，有時是戀人。如

果想看關係是否會成爲戀人，通常看的是日柱合八字（속궁합，韓文稱之爲內宮合），日柱八字相合的話，往往會解釋爲將「發展」成戀人關係。但其實，這是有疑問的。朋友之間沒有日柱合八字嗎？況且，戀人與朋友可以截然二分嗎？在合四柱八字時，也沒有區分朋友的運勢、戀人的運勢。終究那是解釋者的偏見介入。異性戀或同性戀、男女二分法、朋友或戀人的二分法，都只是解釋者的偏見而已，合八字並不存在這類二分法。所以，在關係方面，我經常是作開放式的解釋。

客人接著說：「其實，不管用戀人或朋友來區分、來稱呼我們的關係，都是有負擔的，我覺得可能是我們沒有充分相愛吧。」我對客人說：「除了一對一的獨占戀愛、除了所謂的戀愛，還有各式各樣的愛情方式。與其說『請成爲我的戀人，眼裡只有我』，以此界定與他的關係，不如說『就這樣像朋友一樣、像戀人一樣一起交往下去吧』，彼此沒有界定的關係也可以交往。」客人坦言，在一對一的獨占戀愛關係下，其實他感到悶悶不樂。每當對方黏人的時候，他都會感到辛苦有負擔，他不曾想過可以重構關係本身，現在，他得思索一下不同的相處方式。

基本上，人心不是只能夠愛一個人，合八字也是如此。同時喜歡多人是有可能的。就像可以同時交很多朋友一樣，同時也可以喜歡多人。這種愛情方式稱爲開放式關係，又稱爲多邊戀（polyamory）關係。與我一起同住的三名伴侶是多邊戀關係。屬火的曉、屬水的宇宙、屬金的塵，既是戀人又是家人又是朋友。水多的宇宙有助於曉和塵的情緒穩定，火多的曉可以讓宇宙和塵更加耀眼。金多的塵爲曉和宇宙建立堅實的圍牆。看著三人守護彼此的八字，我感受到世界上存在如四柱般形形色色的愛情方式。爲了不以帶有偏見的解釋來束縛人們的愛情與關係，我今天也在學習多彩多姿的愛情方式。

# 擺脫二分法的窠臼

來占卜戀愛運的客人，我會問一個共同的問題。

「可以告訴我您的性別認同和性取向嗎？」

我不是從一開始就提出這樣的問題。以前有次在線上算命，看到一位長頭髮、穿裙子的客人，我理所當然地問客人：「現在沒有男朋友吧？」

客人慌張地說：「其實我認爲自己是男生，我喜歡女生。」

我向出櫃的客人道謝，也爲只看照片就隨便判斷多次致歉。我不知道客人是認同自己爲男性的跨性別者（transgender），喜歡女人而非男人。在他面前，我無意間誤談到男朋友。對於無數次聽到這類話語的客人來說，連巫女占卜都囿於性別二分法和異性戀的規範，客人該有多鬱悶啊。

那天以後，我對來算戀愛運的客人一律用「戀人」一詞取代「男朋友」、「女朋友」，而且會先小心翼翼地詢問客人的性別認同和性取向。客人不方便表明時，就用不偏向任一性別的方式來算命。

喜歡女人、喜歡男人，只有客人說了才能知道。巫女是解釋命運的人，不是決定命運的人。客人喜歡何種性別，認定自己是男性、還是女性，或者兩者都是，抑或兩者都不是，都是客人的決定權。諮詢時提出這樣的問題，也是爲超越社會上認爲理所當然的異性戀規範和男女二分法之實踐。

我也認爲自己是男又是女的「性別酷兒」（genderqueer）。我侍奉的神靈之性別也各不相同，由此看來，性別二分法分明是粗糙的限制（身爲巫女，我有時變成小男孩，有時化身爲年邁的爺爺奶奶）。我的性取向也是如此。我是不管對方性別如何，都能感受到性吸引力的泛性戀（pansexuality）。無論對方是男性、女性、跨性別者或性別未定，無關乎性別，我都可能覺得受到吸引。所以，我經常向人介紹自己是「酷兒巫女」。來找我的的客人，很多擁有各式各樣的性別認同與性取向。

客人們的煩惱，像彩虹般五花八門。「我以跨性別者身分生活，也能算命嗎？有這樣的八字嗎？」一名跨性別客人向我問道。我回答：「八字或命運不分是否爲跨性別者。反而這個社會以性別二分法區分所有人的解釋框架，其實是狹窄而扁平的。世界上必然存在各式各樣的性別與認同。我會開放各種解釋的方式來提供諮詢。」

不過，一般而言，偏順從內斂型的八字解釋爲「女人的八字」，偏積極進取型的八字解釋爲「男人的八字」，彷彿世界上只有兩種性別的八字一樣。

一位女客人來找我，她這樣說：「我喜歡女人，但男人們說喜歡我，所以很煩惱。」另一位來找我的客人這樣說道：「雖然我看起來是女人，但覺得自己是男人。是我很奇怪嗎？」我回答：「一點也不奇怪。如果覺得自己是男人，那就是男人。」

擁有各式各樣性別認同、性取向的客人，會來找我確認自己是不是很奇怪。我回答說沒關係，一點也不奇怪。這類客人多半不必上算命館，自己已經知道答案。儘管如此，爲求認證自己的存在、認證自己不奇怪，他們來找巫女。他們對於不斷讓人懷疑自身存在的社會氛圍感到厭倦，所以找上算命館。

一位來訪的客人訴苦道：「我是跨性別者。最近失去了幾名朋友。好幾個身邊的跨性別朋友自殺。我正在服用抗憂鬱藥物，想到會不會有一天我也以自殺的方式結束生命，就感到揣揣不安。難道我的命運也是如此？跨性別者天生注定不幸嗎？」我占卜後回答：「眞是辛苦了。如果世界能夠包容各式各樣的性取向和性別認同，他們就不會選擇自殺。這不是占卜能做的，必須用盛大的跳神儀式來化解。所以我們要繼續在街頭舉行彩虹跳神法會。唯有世界變好，命運才會變好。」

五年前，我曾去參加在大邱舉行的酷兒文化節。我穿著破洞的網狀絲襪、藍色螢光短褲、五顏六色的上衣，臉上畫著彩虹。手上握著彩虹旗，與人們在道路上行進。歡快的音樂響起，人們一起跳著舞，一面向前移動。到處可以看到有人舉牌：「同性戀是罪。」「悔改吧。」在這些反對酷兒文化節、穿著黑色西裝的人們之間，我們穿著繽紛，哼歌、跳舞、玩耍。這是一場興味十足的跳神法會。我們的跳神法會是不讓任何人感到疏離的慶典。

爲了認證自己的存在而來算命的客人，依舊來找我。眞希望這個社會能夠成爲不用算命也照樣看重自己存在的社會。我想在那樣的世界與客人再度相會，希望在那樣的社會裡收到的諮詢不再是「我的存在很奇怪嗎？」而是「我和朋友吵架，很難過」、「我在考慮跳槽」之類的日常諮詢。我想與彩虹色的客人們分享生活的各種煩惱與快樂。

# 給度過靈魂暗夜的你

來找我的客人當中，不少人患有憂鬱症。我經常對持續感到憂鬱的客人說，最好到精神科接受醫學治療。不過，也有客人訴苦，雖然長期服用抗憂鬱藥物，但症狀並沒有改善。

承喜　什麼時候最憂鬱？

客人　早上睜開眼睛時，我覺得最鬱悶。活著，都很憂鬱。我只想死。

承喜　不過，您是如何找來這裡的呢？

客人　我不知道憂鬱的理由，所以想說是否可以聽到不一樣的說法。

我告訴客人，這是靈魂在度過黑夜。我向歪著頭的客人補充說明，他的靈魂正在經歷一次死亡。雖然靈魂沒死，但每天晚上睡覺時，會去很多地方旅行，當然也會做很多夢。我問客人會不會做夢，客人好像等著似地回答：「我的夢境都很鮮明。昨天也有做夢。」我問他：「做什麼樣的夢呢？」

客人　夢裡的故事是，天上一名穿著紫色韓服，看起來像天使的人向我走來。夢境栩栩如生。

承喜　很棒的夢耶。以後您做的夢，請全部記錄下來。在度過靈魂暗夜期間，夢裡經常會接收到重要訊息。不妨像寫短篇小說一樣寫起來。

說完以後，客人說，他決定要寫夢境日記，頓時彷彿出現一件想做的事，憂鬱感驟減。諮詢結束，客人問道：

客人　但，這條隧道什麼時候結束？

承喜　過了靈魂暗夜，自己會知道的。再度迎來晨曦的時候，很快便能細細察見身旁的小事物。我也會為您一起祈禱。

幾天後，客人傳來簡訊。

「諮詢結束後，我每天記錄所做的夢。寫下我做的夢，感覺像是與我對話的過程，內心也如冰雪漸融般變得舒坦。真的很謝謝您。」

客人與自己的夢對話，在過程中逐漸恢復元氣。我並未向客人說特別的話。只是把「憂鬱症」一詞，替換成「正在度過靈魂暗夜」。數月後，客人表示他把自己的夢整理成文，完成短篇小說，同時他也吃抗憂鬱藥物，認真生活。看到客人比以前更有活力，我感覺到他已平安度過暗夜，迎來早晨。我傳簡訊給客人：

「您好，現在才是開始。請繼續服藥，試試看專注在每日的生活小事。慢慢摺衣服、慢慢清理冰箱的各個角落。慢慢來很重要。請從容地照顧自己與周遭，專注在這上面。您會從中接收到新的訊息。」

憂鬱症是如實感受世界的感覺。比起見樹，見林時的直觀感受比任何時候都要敞開。敞開的心靈之門很容易捕捉到陰影；開敞的身體之門，會受到各種氣場影響而讓身軀變得沉重。但同樣地，此時的心靈更具深度，啟發的靈感更豐富。

我也曾受憂鬱所苦。早上睜眼是非常辛苦的事。宛如搬到夢中的人一樣，整天只想睡覺。夢裡展開的是我所期盼的場景。由於太喜歡夢，覺得就那般死去也很甜蜜。如果能夠永眠，又未嘗不是一件好事。只顧睡呀睡，某一天，我做了一個栩栩如生的清醒夢。清醒夢，意指在做夢的同時，察覺到這是夢的狀態。夢中，我在天空飛來飛去，四處遨遊。雖然知道是夢，還是十分開心。醒來之後，已分不清何者是夢。顧望當下，彷彿在做清醒夢般，整個人生猶如南柯一夢。

開始以這樣的視角來看，原本沉重的身軀變得輕盈。人生不就是在活在當下瞬間的美夢！雖然噩夢般的事情也進逼而來，但終究在夢裡創造故事的力量繫之於我。夢裡可以創造新故事的莫名確幸，讓我重新振作。如同做清醒夢一般，重新定義當下的意義，就會看見細微的瞬間，日常場景處處充滿生機。

患有憂鬱症的客人來訪時，算命之後，我會向他解析。「您正在度過靈魂暗夜。」「您正在夢的世界旅行。」「童女正在哭泣。請您好好照顧自己。」「您正在經歷以後可以告訴別人的痛苦。」

巫女也是尋找新故事的語言術士，從乾巴巴的病名背後發掘出新意義的說書人，巫女也是給予客人力量的治療師，讓客人成為故事的主人，創作自己的故事。如果不將客人的狀態單純定義爲「罹患憂鬱症的時期」，而是以新的名字來定義的話，展開的故事會截然不同。那一瞬間，客人與我成爲一起創作新故事的共同作者。

# 告知靈魂的年齡

那天的預約是久違的面對面諮詢，爲此，我先洗了頭。吹乾頭髮後發現，頭髮像三天沒洗一樣地油膩。怎麼會這樣？我再一次揉出洗髮精泡沫洗頭。再一次吹乾頭髮。這次頭髮依然緊貼著頭皮，還比一開始更油膩。究竟怎麼了？

我聽到神靈說：「這是幫妳抹上芝麻油，讓妳美美的。」說是爲了在客人前表現體面，才幫我的頭髮抹油，我噗嗤笑出來。這是老式的髮型了，雖然現在的人不覺得好看，但重新洗頭好像也去不了油膩，我便停止打理頭髮，準備見客。

客人是三位二十歲出頭的朋友，他們來到家裡。我點了香，開始占卜。依序為三人算命後，就能明白我的頭髮變油膩的理由。他們都是大齡靈魂。三個人的年紀加起來超過八百歲，由此可以猜得到神靈奶奶為我上髮油的原因。我對客人們說：

「各位年紀都很大耶。所以我的頭髮才去不掉油膩。」客人與我，就像同輩的老奶奶一樣哈哈大笑，自在聊天。

客人們回去後，我又洗了頭。現在算命算完了，油膩去得掉了嗎？吹乾頭髮一看，油膩消失了，頭髮摸起來變得鬆鬆軟軟。我向神靈祈禱：「謝謝祢為我抹油。抹了芝麻油的頭髮雖然好，沒抹芝麻油的頭髮也很好。」

每個人的靈魂年齡都不一樣。如果知道靈魂的年齡，就能找到屬於自己的生活節奏。有的人以三歲之眼活在世上，有的人以八百八十歲的眼光望看人生。靈魂年齡沒有好壞吉凶之分，只要配合各自年齡的節奏來生活就好。

人們自古以來篤信一種信仰，就是各個生命週期各有課題。人們相信，在十幾歲的時候，要作聽話的子女、用功的學生，成功考上大學；在二十幾歲的時候，要就業謀求經濟獨立；在三十幾歲的時候，要購屋置產，結婚生子。用這種方式專注在每階段的生涯課題時，卻似乎失去了自己固有的節奏。

了解自己的靈魂年齡，給人力量去對抗這種生命週期課題的信仰。靈魂的年齡，顯示這一生賦予我的固有節奏。靈魂的年齡不會隨著時間流逝而改變。無論年齡大小，只要按照自己年齡的節奏來生活即可。

與我同住之家人的靈魂年齡，也各不相同。靈魂年齡十三歲的宇宙，是剛滿三十八歲的上班族，也做翻譯工作。表面上看起來斯文沉穩，其實像個十三歲的小小科學家一樣，對凡事都好奇，喜歡收集書，隨時會提出問題。因爲好奇心強，有時會因爲做出突發行動而受傷，但在十三歲的靈魂年齡裡，就像在遊樂場玩一玩跌倒一樣，那是很自然的事情。

塵剛滿三十二歲，靈魂年齡四十歲，他管理家中的財務與家庭收支。喜歡照顧人和整理家中的塵，擁有強烈的責任感又講義氣，他羞於暴露自己，喜歡躲起來。雖然如此，但想要獲得認可的塵，在家人有事的時候，往往最先跑出來。

曉剛滿三十四歲，靈魂年齡八十九歲。她慢性病多、體力條馬上就耗竭，凌晨早起開始新的一天。她睡午覺，傍晚又睡，每天如此度日。她有清明的見識，前瞻的眼光，扮演向周圍的人指引未來前景的角色。她宛如一個有智慧的國寶老奶奶。

這樣知道家人的靈魂年齡之後，我可以更自然、更舒坦地面對家人。

不久前，我爲一民美術館舉辦的《命運諮詢所》展覽準備了「我的靈魂年齡」表演。在裝置作品「二〇二一年款新式神堂」中，我與每一位預先申請的參觀者見面，告知他們的靈魂年齡。

作者郭恩靜（곽은정）、金壽煥（김수환）、朴佳仁（박가인）、崔章元（최장원）的裝置作品「二〇二一年新式神堂」中，一個女人像側臥，塗上金箔，裹佛祖衣，露出佛祖臉孔。看到托著手臂、舒舒服服側臥的女身佛祖，感覺這就是新式神堂。神堂上方像五色旗一樣綁著彩虹手帕，像吊燈一樣懸掛五條透明的人造陰莖。神堂後面背景掛有全像宇宙照片、青龍畫和閃著電的天空。神堂前方有兩個印上五萬韓幣的錢墊，中間擺著刻有聖經經文的桌子。

身爲喜愛大雜燴的炒碼麵巫女，這個神堂挺對我的胃口。坐在神堂裡，就像回到家一樣自在。我坐在神堂的錢墊上，三個小時裡看了四十五個靈魂的年齡。一一面對面，我見到靈魂與我同樣是十八歲的人，也見到靈魂年齡難測的古老靈魂。

人的臉住著靈魂。特別是面對面的行爲，意味著彼此的靈魂交流。我在面對新的臉孔時，會陷入深沉冥想。只是面對面，感覺就像淨化了彼此的氣場。

面對某人時，我的眼淚流出來。雖然是初次見面的臉孔，但並不陌生。看著我眼睛的人也默默流下眼淚。我們一起用紙巾拭淚對笑。「爲什麼流淚呢？」「是啊。看來是眼睛裡有靈魂才這樣。」有的人聽到靈魂年齡是五歲就哈哈大笑：「我也知道自己年齡小，但沒想到這麼小。所以才常聽說我不懂事吧。不過，現在我得認可這樣的我、愛上這樣的我。」我回答：「是的，請按照本人的靈魂年齡好好去做。小孩子的靈魂並非就不成熟或不懂事，而是會按照自己的節奏，用好奇的眼光看世界，把人生當作遊樂場來生活。我支持這樣的人生旅程。」

在得知靈魂年齡之後，人們頓時明白自己並不奇怪，似乎也成爲肯定眞實自己的契機。

我的靈魂年齡是十八歲。如同「新娘十八歲」一語，什麼事都做，新的東西都喜歡，但沒什麼實質原因。我認爲這樣的特性是屬於我的節奏，感覺沒必要鞭策自己。得知靈魂年齡之後，我變得更加自由。希望更多的人能夠面對自己的靈魂年齡，感受到自由。

# 遇見世界的巫女

## 天氣的巫女，露

我遇見露，是在七年前的印度。當時去位於印度達蘭薩拉山村達拉姆科特（Dharamkot）的一間沒有牆壁的咖啡廳。白天人們聚在此一起即興演奏。其中有一個引人注目的人，頂著長髮辮，手臂、腿和脖子上紋有幾何圖案刺青的露。露在擊鼓唱歌。我也坐在那裡，一起唱和。有人用湯匙敲桌唱歌。我在歌曲中加入旋律，作成和音。

演奏結束後，露和我第一次相互問候。「妳的刺青好酷。」露向我說道。我也對露說：「妳的刺青也非常酷。這刺青是什麼意思？」我們聊著彼此的刺青，逐漸變得親近。

從此之後，露和我成為經常一起在山村散步的朋友。露介紹自己是天氣巫女。「我是解讀天氣的薩滿。」我向露說道：「我是為人類與非人類動物祈禱的薩滿。」我們很高興多了薩滿朋友，於是說道：「要不要一起去祈禱？」露說。「好。」我跟著露走進山谷。

跟著露往樹叢裡走了一段時間，來到天空開闊敞亮的巨石上。巨石可以讓十個人爬上去，是坐落在山村半山腰，周圍青草漫漫的寶地。坐在那裡，離天空很近，看不見地面，有種暈眩感，彷彿一伸手就摸得到雲。

露說：「我在這裡出生長大。雖然我是尼泊爾人，但印度達蘭薩拉是我成長的故鄉。」露的父母是尼泊爾人，但在印度定居生活。露從小看著印度達蘭薩拉山村的天氣長大。

「我會解讀天氣。今天就快要下雨。雲朵看起來像這樣，對吧？而且，聞空氣的味道，我就能夠知道是不是要下雨。」露說似乎快下雨了，眞的馬上就下雨。露和我淋著毛毛細雨，靜靜仰望天空。「別擔心。這雨很快就過。」如同露所說的，雨馬上停止。「現在輪到彩虹出現了。」露一臉興奮，仰望著天空說道。就像露所說的，天空上畫了一道很長、很清晰的彩虹。

我問：「妳認爲彩虹盡頭眞的有魔法世界嗎？」露展開雙臂回答：「這裡已經是魔法世界！」我微笑著說：「對，妳眞是一個很棒的薩滿。」與露在一起，感覺時間靜止。我問：「那朵雲像什麼形狀？」「想哭的模樣。現在要打雷了。」露一這樣說，對面山頂上就有一道三叉戟形狀的閃電。

回到韓國後，我也仰望天空，想著露。露是看著天空的模樣，不，只是聞到空氣的味道就能預測天氣的薩滿。露說，魔法世界不在彩虹的盡頭，任何時候都在當下這個位置。今天，露仰望的印度天空是怎麼樣的呢？

# 尼泊爾巫女，庫瑪麗

三年前，接受降神儀式後，爲了見尼泊爾的巫女，我前往尼泊爾加德滿都。雖然不知道該去哪裡，漫無計畫就先去了加德滿都。在滿月升起的夜晚，爲了尋找下榻處，我四處徘徊，好不容易發現一間小旅館，就在此歇腳。那裡，偶然遇見來自墨西哥的伊凡。伊凡表示幸會，說自己是用音樂修行的人。我也自我介紹：「我是來自韓國的薩滿，想與尼泊爾的薩滿見面，所以來到這裡。」伊凡說，自稱「薩滿」的我很酷，邀請我第二天一起去慶典。

第二天，伊凡一臉興奮地對我說：「今天將在加德滿都廣場舉行因陀羅（Indra）慶典。聽說庫瑪麗（尼泊爾巫女）會來因陀羅慶典，所以會有非常多人聚集。承喜一來就能遇見庫瑪麗耶！待會兒晚上見。」

到了晚上，伊凡和我一起去加德滿都廣場。我穿上在印度買的藍紅相間大洋裝。這是跳舞時穿的服裝。慶典還沒開始，廣場上已經人山人海。廣場中間，一群人像四物農樂隊（사물놀이패）[23]般，一邊演奏類似鼓鑼的樂器，一邊行進。

我告訴伊凡在這裡玩一會兒再走。興沖沖的我脫下鞋子，赤腳配合樂器的節奏跳舞。我手舞足蹈，與周圍聚集的人群握手、跳舞。這是令人興奮的跳神法會。人們紛紛聚向跳舞的我和樂隊周圍。

就在此時，人們一齊吶喊：「庫瑪麗！庫瑪麗！」庫瑪麗出現了。乘坐在超過兩公尺多高的轎子上，庫瑪麗現身了。不知不覺間，廣場上的人群越來越多，變得密密麻麻，伊凡和我得努力拉住彼此。雖然我們離得很遠，但轎子很大，一眼就能看到庫瑪麗。裝飾得輝煌燦爛的金色轎子上，坐著看似六歲的小女孩庫瑪麗。我想在近處

23 譯注：韓國農樂主要由小鑼、銅鑼、長鼓及圓鼓四種樂器所組成，因此稱為四物農樂。

看她。在喊著「庫瑪麗！庫瑪麗！」的人群之中，庫瑪麗沒有任何反應或興奮之情，完全面無表情地看著半空中。她是從小就意識到自己是神的人，看著她空洞又滲透一切的表情，我頓時無語。

尼泊爾的巫女庫瑪麗是村子裡神賜的巫女。她們從小獨自在房間裡生活，接受人們的襄助進行學習，村裡遇到困難時站出來舉行跳神法會。庫瑪麗負有一生不婚，孤身生活的義務。光看她的表情，就像親身體驗庫瑪麗的人生一樣，讓人產生莫名的認同感與微妙心情。感覺像是她的人生故事，正如我經歷過的人生般，向我襲來。

高喊著庫瑪麗的廣場氣氛，就像見到偶像的群眾呼喊一樣熱烈。我試圖與伊凡一起走出廣場。就在那時候，擁擠排隊移動的人群中，有人摸了我一下。我抓住好像是摸我的人的衣領喊道：「警察！警察！」但，沒有人聽見我說的話，在人潮推擠下，我與伊凡越走離廣場越遠。突如其來的性騷擾，令我怒火中燒。

圍繞庫瑪麗的所有場面，看起來像色情片一樣。帶著那個小女孩，現在在幹什麼？庫瑪麗的人生究竟如何？庫瑪麗眞的幸福嗎？我百感交集。前方庫瑪麗的背影逐漸消失，無論人潮洶湧或推擠倒地，她都不爲所動。

看著庫瑪麗超然的背影，我一拖一拖地走著。我心想，庫瑪麗是否也想去旅行，庫瑪麗的人生是否有自由。但，我是異鄉人，不能隨意判斷他們的文化。我還是想問，她的生活是否安好。不過，想到她悠悠望著半空中的眼神，感覺她比我想像的更堅強。

# 祕魯巫師，米迦勒

那是一年前，我去祕魯時。爲了見祕魯的薩滿，我前往亞馬遜伊基托斯（Iquitos）。雖然其他地區也有薩滿，但有的薩滿使用黑魔法（使用詛咒某人的咒術，或者爲了個人權力而利用咒術），所以我聽取建議，前往好薩滿衆多的伊基托斯。

入住伊基托斯時，聽說宿所職員的爺爺正好是一名薩滿。在伊基托斯，聽說隔壁家住了薩滿，該人的奶奶或爺爺也是薩滿。這裡的薩滿多不勝數。既然有機緣認識宿所職員，我決定與他的爺爺見面。與薩滿初次見面的日子，我披著藍綠色披肩，等候薩滿爺爺。很期待薩滿會以什麼的模樣出現。祕魯的薩滿是什麼樣子呢？

那時，在宿所前方，身穿亮粉色T恤的爺爺，從自己騎來的黑色摩托車下來。看到穿著亮粉色無袖T恤出現的薩滿，我驚訝地合不攏嘴。這位薩滿給人圓滾滾的印象，他笑容滿面地向我打招呼：「Hola（妳好）！很高興見到妳！」「我是承喜。」我也打招呼，報上自己的名字。薩滿的下一句話很有意思。「我是米迦勒（Miguel）。」薩滿的名字竟然是米迦勒（基督教中大天使的名字），又一個反差。

薩滿一派輕鬆自在的模樣。米迦勒爽快笑著，不停搔著手肘，開始訴說自己的故事：「我十六歲時，生了一場大病。當時，我在空無一人的叢林裡，獨自待了六個月，我與蜘蛛對話，與猴子做朋友。當時，我吃了各式各樣的草藥，自己把病治好。後來我走出叢林，成為幫助治癒人們的薩滿。從那時起，五十年來我一直這樣工作。」

我問米迦勒的出生年月日，攤開四柱八字。我感受到木多者特有的生意盎然。一九五四年甲午年生，與我同樣屬馬。我高興地告訴他我們同生肖。我們決定幾天後一起舉行儀式慶祝，一邊食用薩滿準備的草藥，一邊低語聊天和跳舞的儀式。眞好奇祕魯的薩滿儀式是什麼樣？

米迦勒寫給我儀式前禁止事項的清單：不抽菸、不喝酒、不做愛、不吃肉。他說，務必遵守這四點，才能進行儀式。他特別強調，別做其他危害生命的行爲、別吃豬肉。他說，豬與人的靈魂構造類似，吃豬肉可能變成吃下靈魂之憾恨。我很高興聽到這樣的說明，因爲純素主義正是我的理念。

來到約定的儀式日。我抵達米迦勒爺爺夫婦居住的鄉間小村的神堂。我很好奇祕魯薩滿的神堂是什麼樣子。進入神堂後，首先映入眼簾的是十字架和耶穌的雕像。再一個反差。我問道：「你是薩滿，你信耶穌嗎？」米迦勒視爲理所當然般地回答：「我每天都爲萬物祈禱，當然十字架也不例外。」對於米迦勒來說，十字架是合一的象徵。聽著米迦勒說明萬物的神性是由此而生，我點了點頭：「沒錯，在韓國舉行巫女降神儀式時，我也看到十字架。十字架似乎自古以來是愛的象徵。」

我問米迦勒：「那麼祕魯的薩滿侍奉什麼樣的神？」米迦勒答道：「每個薩滿都不一樣。我愛所有宗教的神祇。祂們都在訴說愛。」我激動地點了點頭。因爲這正是我來到祕魯所想確認的。雖然人種、年齡、文化各不相同，但各國的巫人都會有共有的東西，歸根究柢，那就是愛。

在米迦勒的神堂一角，瓶子裡裝著各種藥草。收集野生樹幹萃取液的瓶子、收集對肝臟有益之藥草的瓶子、放入乾黃花菸草的瓶子等映入眼簾。儀式在即，我們圍坐聊天。在三坪不到的小房間裡，關上燈，儀式開始。米迦勒開始唱歌。嘀哩嘀嘀嘀哩嘀，嘀哩嘀嘀嘀哩嘀……這好像是小時候奶奶唱給我聽的，熟悉而單純的旋律。米迦勒一面揮舞收集大量落葉做成的扇子，一面跟著節奏演奏。落葉的聲音，聽起來像是死者的腳步聲。我接過米迦勒給的草藥喝下去。

喝下極苦的草藥，過了一會兒，黑蛇出現在眼前。猶如死亡的時刻。我嘔吐，嗚嗚哭泣，再度面對眼前出現的形象。我看到十字架。媽媽、姊姊和家人依次出現。我還看到大象和帕查瑪瑪的形象。帕查瑪瑪如同韓國的麻姑奶奶一樣，是祕魯薩滿人供奉的古老創造神。我還看到巨大的生命之樹。「你是樹，生命之樹。」有人對我低語，接著問道：「但，妳眞的不怕死？」我在漆黑的死亡面前，頭暈目眩。我的身體正在向前傾斜。

距離失去意識，僅一步之遙，米迦勒在旁唱歌唱得更大聲。薩滿的歌聲讓我重回此地。米迦勒像老朋友一樣，在死亡旁側親切地守護我。我們像是在陰陽邊界走鋼索的人，一邊搖擺一邊唱歌跳舞。一起唱著帕查瑪瑪之歌，我們的儀式結束。

結束後，我問米迦勒：「你認爲薩滿是什麼？」米迦勒回答：「薩滿是救助一切的人，可以用藥草治癒人們、療癒心病的人。」我說，韓國也有這樣的薩滿文化。

回到韓國後，我依然會想起遇見的外國薩滿。他們都以屬於自己的方式，穿著自己固有的衣裳，解讀天氣，遊行街頭，用草藥治療人們。在各自的世界打造獨有的療癒世界。當我想念那個世界時，我會回顧周圍的薩滿痕跡。像解讀天氣的露一樣望著天空，像庫瑪麗一樣望著空蕩蕩的半空中。想著米迦勒的亮粉色T恤，今天我也穿牛仔褲代替韓服。

# 後記 巫女守護自己的方法

凌晨四點，每天同一時間睜開眼睛。春天還沒到來，屋內一片漆黑。我用手機寫著夢境日記。在記憶消失之前，寫下在夢裡遇見的人事物、故事和感覺。記下夢境之後，放下手機，伸了伸懶腰。

經一夜洗滌的內心，空寂靜謐。這是我一天中最喜歡的時刻。起身整理一下躺過的位置。用滾刷拂去整夜落在棉被上的灰塵，上頭再噴一些

Febreze 芳香劑。出來客廳，我將放在東側的狗狗水碗換清水。進行完更換玉水碗內淨化水的儀式後，焚香坐在書桌前。當香氣瀰漫整間屋子，這時我以文字吐出腦中浮起的各種想法。這是淨化內心的作業。完成這個儀式後，可以維持沉靜的心。

早上七點，我用音樂填滿空間。進入我的 Sound Cloud 帳號（soundcloud.com/kaliart），打開「每日梵咒」播放清單。依次播放巫教（巫俗信仰）、印度教、佛教、外星人梵咒。現在是與愛犬咖哩一起出去散步的時間。但天氣還很冷，爲了暖身，決定先用吸塵器打掃。配合流淌的音樂節奏，我蹲低姿勢，清掃坐落地板的灰塵和頭髮。打掃客廳和房間的話，身體就會變得暖和。

身體暖和了，準備出去散步。與咖哩一起走在有蘆葦田和小溪的散步路上。白鷺與鴨子坐在小溪裡，鴿子、喜鵲、烏鴉、麻雀紛紛飛越樹枝。

今天遇到村子裡常碰面的老奶奶和她的愛犬星仔。老奶奶與星仔坐在陽光照射的長椅上。原本在丟麵包屑給鴿子的老奶奶，高興地迎接我。我和咖哩一起坐在奶奶和星仔旁邊，觀看撿麵包屑吃的鳥兒們。

與星仔和奶奶說下次再見後，我們回到家。現在是正式工作的時間。桌子右側有五色鈴鐺、來自印度的頌缽、來自哥斯達黎加的十顆磁火山岩、來自沙漠的石頭。這些都是擺在我小小神堂裡的神物。上午，我會占卜或寫作。今天有約好的諮詢。根據每天的天氣，來訪客人的氣場也各不相同。

與客人的諮詢結束後，我以長敲的方式演奏頌缽。這是盼望客人的願望與我的祈禱能夠實現的儀式。工作五十分鐘，接下來休息十分鐘。休息時間主要是與人溝通。回覆 YouTube 留言、寫祈禱文、回覆 Instagram 留言，或者回答 Kakao Talk 訪客的諮詢提問。結束後，躺在白雲般的棉被上，我暫時闔眼。

午餐時間從十二點到一點。這時完全自由。準備想吃的飯菜來吃，或者叫外送來吃。今天想看大海，又想聞大地香氣，今日菜單是涼拌青海苔和炒香菇。我把朋友贈送的香菇加蠔油、鹽、搗碎的大蒜一起炒，作成香菇小菜。我吃了有大地香氣的香菇小菜和糙米飯，還有海味的涼拌青海苔。我與像我一樣工時自由的家人們一起用餐。飯後睡一會兒午覺。白天做的夢比夜裡的夢更直白，更容易解讀我的無意識故事。

下午，我會編輯 YouTube 頻道的一周運勢影片、撰寫《神明在看著呢》的草稿，或者畫護身符。晚上七點，與家人一起吃晚餐，用熱水沖澡。沖澡時，一天下來緊繃的肌肉得以放鬆。現在輪到吃躁鬱症藥的時候。換睡衣前，先吞下一顆藥。穿著柔軟睡衣，再度寫作。寫結束一天的祈禱文，或者寫給周圍的人的致謝函。巫女朋友贈送的黃色蠟燭，我架在小小神堂點燃。今天要以祈願的心情來寫這篇文章，結束一天。

我住的村子名為蛋夫里（달걀부리）[24]。據說，這個村子長得像雞蛋的樣子，過去曾有養雞場，所以取名為蛋夫里。這是一個依山傍水的小村莊。我想在這個空氣清新的地方，慢慢變老，成為給流浪貓盛滿飯碗的老奶奶。我愛麵包勝於米糕，有朝一日，我想學習烘焙技術，打造出飄著烤麵包香的神堂。我想在這個豐足美好的村子裡，成為一名厲害的巫女奶奶，守護著神堂訪客一進來，就感到舒心安適的空間。寫這篇文章時，蠟燭芯開了花。看來我的願望會實現。

讀著故事安全局（SSA）秘密特務計劃成員們寄來的信，我嗚嗚哭了起來，好久沒這樣了。我得到繼續像現在一樣活下去的勇氣。若不是曉姊的勸說，本書不會開始。有熱情洋溢的恩靜編輯和故事讀者小組的感受回饋，我才得以完成這樣一本書。寫故事期間，守護在我身旁的蛋夫里家人宇宙和塵，我愛你們，謝謝你們。

24 編注：除了作者說的原因之外，另有兩種關於蛋夫里命名的故事。一是村莊受群山環抱，有如金雞抱卵，取名爲「달걀모양」，後因爲韓國推行國語純化運動，所以用「달걀부리」命名；二是從古韓文來看，「달걀」跟「부리（夫里）」都有廣大、寬廣之意，意即有著廣大原野的村莊。總的來說，這裡就是一個依山傍水的好地方。

國家圖書館出版品預行編目 (CIP) 資料

神明在看著呢 : 我的巫女日記 / 洪承喜著 ; 賴姵瑜
譯 . -- 初版 . -- 臺北市 : 大塊文化出版股份有限公司 , 2023.02
228 面 ;14.8×20 公分 . -- (mark ; 180)
譯自 : 신령님이 보고 계셔 : 홍칼리 무당 일기
ISBN 978-626-7206-67-6( 平裝 )

1.CST: 薩滿教 2.CST: 韓國
276.4 111021439

僅以此符文祈祝復原和治癒。

不僅僅意指身體健康，也包括從心靈創傷復原、擺脫過去等綜合意涵。